교실에서
바로 꺼내 쓰는
수업 기술

교실에서 바로 꺼내 쓰는 수업 기술

한 끗 차이로 살아나는 교실을 위한 수업 기술 안내서

초 판 1쇄 2026년 02월 13일

지은이 박종석, 박지혜, 곽진영, 정예은, 곽민지, 이관구
펴낸이 류종렬

펴낸곳 미다스북스
본부장 임종익
편집장 이다경, 김가영
디자인 윤영빈, 윤가희, 임인영
책임진행 이예나, 김은진, 안채원, 국소리, 송가희, 이지영

등록 2001년 3월 21일 제2001-000040호
주소 서울시 마포구 양화로 133 서교타워 711호, 808호
전화 02) 322-7802~3
팩스 02) 6007-1845
블로그 http://blog.naver.com/midasbooks
전자주소 midasbooks@hanmail.net
페이스북 https://www.facebook.com/midasbooks425
인스타그램 https://www.instagram.com/midasbooks

ISBN 979-11-7355-717-0 (03370)

값 **20,000원**

미다스북스는 다음세대에게 필요한 지혜와 교양을 생각합니다.

한 끗 차이로 살아나는 교실을 위한
수업 기술 안내서

교실에서 바로 꺼내 쓰는 수업 기술

박종석 | 박지혜 | 곽진영 | 정예은 | 곽민지 | 이관구

미다스북스

목차

III.
글의 흐름에 따라 읽고 써요

IV.
씽킹 맵으로 생각을 구조화해요

V.
생각을 눈으로 확인해요

수업을 잘하고 싶다는
가장 단순한 바람

교사가 된다는 것은 참 많은 능력을 필요로 한다. 기본적으로 교과 내용을 꿰뚫는 전문성과 그것을 학생 눈높이에 맞게 풀어낼 수 있는 교수내용지식(PCK)이 요구된다. 나아가 그 지식을 효과적으로 전달하고 이끌어 내는 수업 운영 능력도 필요하다. 여기에 더해 공문서를 빠르게 해석하고 정리하는 행정 처리 능력, 학급의 하루를 빈틈없이 조직하는 학급 경영력, 동료 교사 및 관리자를 포함한 학교 공동체와의 관계 능력까지 두루 갖추어야 비로소 '평범한 교사'라는 인정을 받는다.

그러나 아무리 바빠도 어떤 업무보다도 먼저 놓지 말아야 할 것이 있다. 바로 '수업'이다. 교사가 하루 중 가장 많은 시간을 보내고 학생과 가장 가까이에서 소통할 수 있는 창구이며 교사라는 직업의 본질이 가장 고스란히 담겨있기 때문이다.

학생들이 모두 하교한 교실이나 복도 끝 연구실에서 교사들은 각자의 방식으로 내일의 수업을 고민한다. 수업 준비, 행정 처리, 상담 업무, 회의와 협의… 할 일은 끝이 없지만 그중에서도 '어떻게 하면 학생들이 흥미로울 수 있는 수업을 할 수 있을까?'라는 질문은 결코 멈추지 않는다.

이 책은 바로 그 질문에서 출발했다. '어떻게 하면 조금 더 전문적으로 그리고 조금 더 효율적으로 수업할 수 있을까?' 그런 고민을 안고 있던 교사들이 자발적으로 모여 '수업 기술'에 대해 함께 연구하고 나눈 이야기들을 엮었다. 그저 학교 현장에서 겪은 크고 작은 이야기들을 나누고 수업의 흐름을 설계하며 서로를 북돋아 준 시간들이 자연스럽게 책의 출발점이 되었다.

우리는 서로 학교도, 경력도, 성격도 다르지만 수업을 잘하고 싶다는 바람 하나로 머리를 맞댔다. 학급 운영 방법에서부터 단위 차시 수업 후기, 단원 재구성, 프로젝트 설계, 개념 기반 및 탐구 중심 수업 구상에 이르기까지. 수업의 크고 작은 장면을 함께 나누며 '잘 가르친다는 건 무엇일까?'를 끊임없이 되물었다. 그 과정에서 '수업 기술'이라는 이름을 붙이게 된 가장 작은 교수 단위들이 쌓여 어느새 각자의 교실을 조금씩 바꾸기 시작했다.

이 책은 그 작은 기술들을 모은 결과물이다. 교수 능력 중에서도 가장 미시적인 단위인 '기술'에 집중하여 실제 수업에서 적용 가능한 방법들을 소개하고 따라 해 볼 수 있도록 단계별로 정리했다. 팁이 아니라 기술이며 이론이 아니라 실천이다. 반복하며 몸에 익히고 익숙해지면 더 자연스럽게 전이되도록 돕기 위한 기록이다.

잘하게 되면 재미가 생기고 재미가 생기면 더 잘하게 된다. 수업을 잘하는 교사는 결국 학생들과의 관계 속에서 더 큰 자신감을 얻고 교사로서의 삶을 더 깊이 있게 살아가게 된다. 교직이라는 바다를 자유롭게 누비고 싶다면 우리는 먼저 수업이라는 물 위에 제대로 뜨는 법부터 배워야 한다. 대한민국의 교사들이 언제 어디서나 수업 이야기를 마음껏 나누고 서로를 응원하며 함께 성장하는 동료가 되기를 바란다. 이 책이 그 시작이 되기를 기대한다.

교실 안 작은 변화들을 기록하며
박종석, 박지혜, 곽진영, 정예은, 곽민지, 이관구

이 책은 이렇게 활용하세요.

이 책은 교사들이 수업 현장에서 바로 적용할 수 있는 수업 기술을 주제별로 정리한 실천 중심의 자료 모음집입니다. 수업을 계획하거나 진행하는 중에 '지금 상황에 맞는 방법이 뭐였더라?' 하고 고민될 때 바로 펼쳐 보고 필요한 기술을 즉시 적용할 수 있도록 구성했습니다.

1. 목차에서 주제를 먼저 살펴보세요.

이 책은 총 7가지 주제로 구성되어 있으며 각 주제는 학생이 길러야 할 역량을 중심으로 정리했습니다. 역량을 키우는 과정에서 자주 마주하는 수업 상황이나 목적을 유목화하여 기술을 정리했습니다. 수업의 목적이나 장면에 따라 필요한 주제를 선택할 수 있습니다.

2. 기술 하나하나가 따로따로 구성되어 있어요.

각 주제 아래에는 구체적인 수업 기술들이 하나씩 제시되어 있습니다. 기술마다 하나의 수업 상황을 중심으로 따로따로 정리되어 있어 필요할 때 골라 바로 실천할 수 있습니다.

일부 수업 기술은 교실 수업 사례를 에세이 형식으로 덧붙였습니다. 교사의 고민과 수업 기술을 적용해 가는 과정, 수업의 흐름을 따라 읽으며 수업 기술을 언제, 어떻게 활용하면 좋을지 살펴볼 수 있습니다.

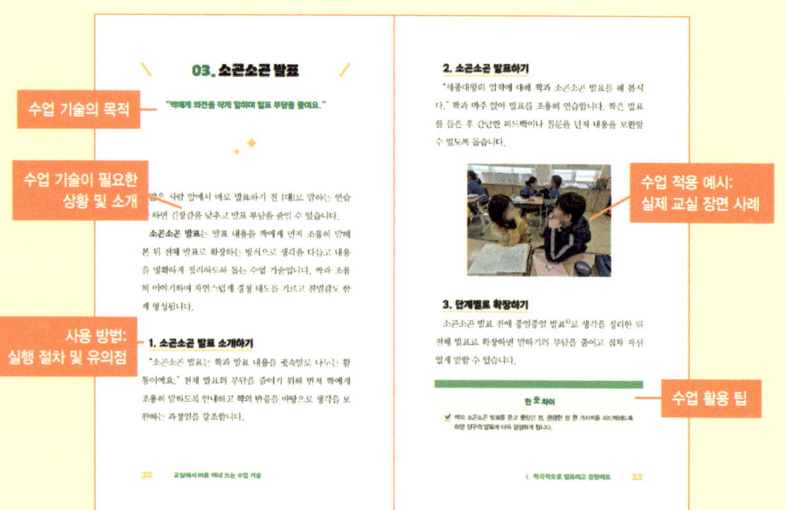

3. 수업의 목표와 상황에 따라 골라 쓰세요.

모든 수업에 정답은 없습니다. 수업 목표와 우리 반 학생들의 특성, 교실 상황, 활동 목적에 따라 어떤 수업 기술이 적절한지 판단하고 필요한 내용을 선택적으로 활용해 보세요.

4. 순서대로 읽지 않아도 괜찮습니다.

이 책은 처음부터 끝까지 읽는 방식보다 수업 중간중간 떠오르는 고민이나 상황에 따라 필요한 기술을 찾아보는 도구로 활용하세요. 자주 쓰는 수업 기술은 책갈피나 메모로 표시해 두면 수업 전 다시 찾을 때 훨씬 빠르고 편합니다.

I.

적극적으로
발표하고
경청해요

"궁금샘 무슨 일 있으세요?"

"그게… 2교시 수업하다가 아이들한테 너무
세게 얘기해 버렸어요."

"왜요? 평소엔 아이들 예쁘다고만 하시잖아요."

"쉬는 시간엔 목소리가 얼마나 우렁찬지 몰라요.
그런데 수업만 시작하면 목소리가 쥐꼬리만큼 작아지고,
발표를 시키면 속삭이듯 말하거나 아예 고개를 숙여요.
손도 잘 안 들고요. 답답해서 저도 모르게 한 소리 했어요."

"그 마음 너무 이해돼요. 발표 목소리가 작으면 반 전체 분위기가
가라앉는 느낌이 들잖아요."

"그러니까요. 그리고 아이들이 친구 발표를 잘 듣질 않아요.
중간에 말을 끊거나 딴 데를 쳐다보기도 하고요."

"저도 예전에 같은 어려움을 겪었어요. 발표는 시키면 겨우 하긴 하는데,
잘 듣는 건 학급 학생 하나하나를 모두 신경 쓰는 게 너무 어렵더라고요."

"맞아요. 그냥 '조용히 하자.', '친구한테 집중하자.'만 반복하는데
효과가 없어요. 그런데 복도를 지나가다 보면 열청샘 반은 아이들
발표 목소리도 경청 태도도 확실히 다르더라고요."

"하하, 작년부터 관련 연수를 좀 들으면서 방식을 바꿔 봤거든요. 아이들이
생각보다 잘 따라와서 저도 놀랐어요. 기본이라고 생각했던 말하기, 듣기도
알고 보니 하나씩 가르쳐 줘야 하는 기술이더라고요."

"3월에 그런 말씀하셨었죠. 그땐 학기 초라 정신이 없어서
흘려들었는데… 지금이라도 알려 주실 수 있을까요?
저도 발표도 잘하고 경청하는 반을 꼭 만들어 보고 싶어요."

말하기를 잘하는 학생을 기르려면?

말하기 능력을 기르기 위해 다양한 발표 방법을 시도해 보는 것도 중요하지만 그보다 더 중요한 것은 충분한 연습입니다. 축구를 잘하려면 경기 경험보다 기본기를 먼저 다져야 하듯 말하기 역시 기본적인 표현과 구성 연습이 충분히 이루어져야 합니다. 올바른 말하기 연습을 통해 학생들은 수업 속에서 자신 있게 생각을 표현하고 친구들과도 더 깊이 있는 대화를 나눌 수 있을 것입니다.

질문할 때마다 손을 들고 큰 목소리로 말하지만 질문과는 관계없는 이야기를 이어 가는 철수

불러야 겨우 입을 떼며 작은 목소리로 "좀 더 생각해 보겠습니다…"라고 말하는 영희

두 학생 모두 발표에 어려움을 보이지만 이유는 다릅니다. 철수는 의욕은 넘치지만 즉흥적으로 말하다 보니 질문

의 핵심에서 벗어나 내용의 깊이가 부족합니다. 반대로 영희는 발표할 내용이 완벽하게 정리되지 않으면 쉽게 말문을 열지 못합니다. 하지만 시간을 충분히 주고 연습한다면 두 학생 모두 훌륭한 발표를 할 수 있습니다.

생각할 시간을 주고 연습했는데도 여전히 발표가 어렵거나 발표 내용에 깊이가 없을 때는 어떻게 해야 할까요? 이럴 때 필요한 것이 바로 교사의 피드백입니다. 하지만 "더 자세히 말해 보세요.", "구체적으로 이야기하세요."와 같은 말은 학생에게 막연한 부담만 줄 뿐 정확한 방향을 제시하지 못합니다.

교사의 피드백 역시 구체적이고 단계적이어야 합니다. 한 학생과의 대화를 예로 들어 보겠습니다.

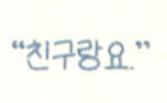

"어떤 친구예요?"

"경준이요."

"언제 놀았어요? 아침? 점심?"

"점심 먹고 나서요."

"어디서 놀았어요?"

"아파트 놀이터요."

"뭐 하고 놀았나요?"

"미끄럼틀도 타고, 그네도 탔어요."

"아, 주말에 점심을 먹고 나서 경준이랑 아파트 놀이터에서 미끄럼틀도 타고 그네도 타면서 놀았군요. 기분은 어땠어요?"

"재미있었어요."

"주말 점심 먹고 나서 경준이랑 아파트 놀이터에서 미끄럼틀도 타고 그네도 타면서 놀아서 재미있었군요. 주말에 있었던 일을 다시 이야기 해 줄 수 있나요?"

"(앞선 내용을 종합해 다시 대답)"

이처럼 교사가 구체적인 질문을 통해 학생의 경험을 따라가며 학생의 표현을 확장해 줄 때 학생은 자연스럽게 말하기의 구성과 흐름을 익히게 됩니다. 이 과정을 지켜본 다른 학생들도 구체적인 발표 방법을 함께 배우게 됩니다.

말하기는 단기간에 완성되는 능력이 아닙니다. 학생이 짧은 대답을 하면 교사는 그 대답을 바탕으로 구체적인 질문을 통해 재진술을 유도하고 긍정적인 피드백을 전달합니다. 이러한 과정을 반복하며 학생의 자신감은 높아지고 말하기 실력도 자연스럽게 향상됩니다.

이 과정을 흐름으로 정리하면 다음과 같습니다.

교사의 질문 → 학생의 답변 → 교사의 구체적 되묻기 → 학생의 재진술 → 교사의 긍정적 피드백 → 말하기 자신감과 실력 향상

말하기는 단순한 정보 전달 기술이 아니라 생각을 정리하고 타인과 소통하는 힘입니다. 학생의 표현을 넓혀 주기 위해서는 교사가 먼저 피드백 방식을 고민해야 합니다. 구체적이고 단계적인 피드백은 교실 속 대화를 더 깊고 풍성하게 만들어 줍니다.

 교실에서 바로 꺼내 쓰는 수업 기술

경청하는 학생을 기르려면?

영어에서 '듣다'를 뜻하는 단어는 hear과 listen이 있습니다. 두 단어 모두 귀로 소리를 인식한다는 점에서 비슷해 보이지만, 의미는 다릅니다. hear는 저절로 들리는 상태, 즉 의식하지 않아도 자연스럽게 들리는 소리를 의미합니다. 반면 listen은 집중해서 주의 깊게 듣는 행위, 곧 의도적으로 귀를 기울이는 태도를 뜻합니다.

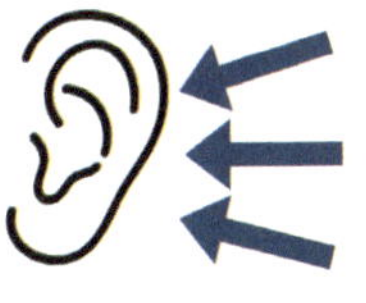

Hear

저절로 들리는 상태
의식하지 않아도 자연스럽게 들리는 소리

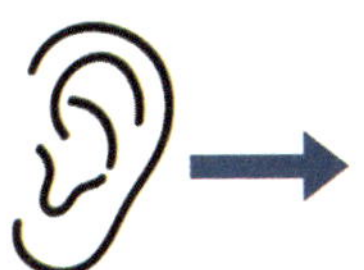

Listen

집중해서 주의 깊에 듣는 행위
곧 의도적으로 귀를 기울이는 태도

수업 시간에 창밖의 자동차 소리는 hear의 대상이지만, 친구의 발표나 교사의 설명을 듣고 그 의미를 생각하며 반응하는 것은 listen의 영역입니다. 경청은 주의와 마음, 태도가 함께 포함된 듣기를 뜻합니다.

우리는 종종 "잘 들어야지.", "집중 좀 하자." 같은 말을 합니다. 이러한 말을 들은 학생들은 듣기를 단지 조용히 있는 것이라고 오해하기 쉽습니다. 하지만 진정한 경청은 입을 닫는 것이 아니라 마음을 여는 일입니다. 말하는 사람을 바라보고, 그 의미를 생각하며 내가 어떻게 반응할지 생각하는 적극적 활동입니다.

학생들은 잘 들으라는 말은 자주 듣지만 어떻게 들어야 하는지는 배운 적이 없습니다. 따라서 교사는 듣기를 추상적인 태도가 아닌 구체적인 방법으로 지도해야 합니다.

"말하는 사람을 바라보세요."
"몸을 말하는 사람 쪽으로 돌려 보세요."
"끼어들지 말고 끝까지 들어 봅시다."
"고개를 끄덕이거나, 공감하는 표정을 짓는 것도 경청이에요."

이처럼 경청을 구체적인 행동으로 가르치는 것이 중요합니다.

교사가 먼저 경청의 모습을 실천하는 것도 매우 중요합니다. 말하는 학생을 향해 시선을 주고 고개를 끄덕이며 반응하고 그 말에 귀 기울이는 태도를 보여 줄 때 아이들은 자연스럽게 배웁니다. 또한 "자세 똑바로 하세요.", "잘 들으세요."라고 말하는 것보다 행동으로 발표자 쪽으로 시선을 유도하거나 잠시 멈춰 기다려주는 것이 훨씬 효과적입니다.

학생이 친구의 발표에 집중해서 듣고 있다면 그 모습을 즉시 칭찬해 주세요. "친구 발표에 귀 기울이며 고개를 끄덕이는 모습이 참 인상 깊었어요." 이 한마디가 학생에게 구체적인 강화가 됩니다.

경청은 가르치고 함께 연습하며 직접 보여 줄 때 비로소 교실 안에서 서서히 자리 잡게 됩니다. 그리고 그 시작은 언제나 교사로부터 시작됩니다.

01. 끝까지 말해요

또박또박 말하기의 비밀, 종결 어미를 끝까지 말해요.

목소리가 작고 말끝이 흐릿하면 발표의 전달력이 떨어집니다. 발표가 또렷하게 들리기 위해서는 종결 어미를 끝까지 말하는 것이 중요합니다.

끝까지 말해요는 시각적 효과와 함께 문장의 끝을 정확하게 말하도록 돕는 수업 기술입니다. 말끝을 분명하게 말하는 연습을 통해 목소리가 작은 학생들도 전달력이 높아질 수 있습니다.

1. 쉬운 문장부터 연습하기

'~입니다.', '~예요.' 같은 자주 사용되는 종결 어미가 입에 자연스럽게 익도록 반복해서 연습합니다. 종결 어미가 익숙해지면 말끝을 또렷하게 하는 데 도움이 됩니다. 너무 어렵거나 생각을 많이 해야 하는 문장은 적합하지 않습니다.

> **연습 시 사용할 수 있는 발표 문장**
> 1. 저의 이름은 ○○○입니다.
> 2. 저는 ○학년 ○반 ○번입니다.
> 3. 제가 좋아하는 음식은 ○○입니다.

2. 시각적 효과와 함께 연습하기

칠판에 예시 문장을 크게 판서하고 종결 어미 부분은 특히 굵고 크게 써서 시각적으로 강조합니다. 글자의 크기만큼 목소리의 크기도 유지해야 한다는 점을 함께 안내합니다. 시각적 효과를 지속적으로 제시하면 문장을 끝까지 말해야 한다는 기준을 자연스럽게 익힐 수 있습니다.

3. 점검하기

짝과 한 문장씩 번갈아 말하며 짝이 종결 어미를 끝까지 말했는지 서로 피드백합니다. 짝의 피드백을 통해 자신이 말끝을 얼마나 또렷하게 말하고 있는지 점검하고 보완할 수 있습니다.

한 끗 차이

☑ 목소리가 큰 학생보다 끝을 또렷하게 말하는 학생을 칭찬하는 것이 효과적입니다.

발표 전 잠시 생각을 정리하며 자신감을 키워요.

발표 시간이 다가오자 한 학생이 긴장한 표정으로 앞에 섭니다. 준비한 내용을 머릿속으로 떠올리지만 막상 입을 떼려니 말이 잘 나오지 않습니다. "어… 그러니까…." 잠시 머뭇거리던 학생은 결국 준비한 내용을 다 말하지 못한 채 발표를 마칩니다.

중얼중얼 발표는 발표 전에 생각을 혼자 작게 말하며 발표를 연습하는 수업 기술입니다. 발표 내용을 여러 번 말하면서 생각을 정리하고 자신만의 언어로 표현하는 과정을 통해 발표에 대한 부담을 줄일 수 있습니다. 짝, 모둠, 전체 발표 전에 이 과정을 거치면 학생들은 더욱 자신감 있게 발표할 수 있습니다.

1. 발표 방법 소개하기

먼저 중얼중얼 발표 방법을 학생들에게 소개합니다. "발표 준비를 했는데 막상 말하려니 생각이 안 난 적이 있나요? 머릿속으로만 정리하면 발표 순간에 말이 꼬이거나 내용이 떠오르지 않을 수 있어요. 중얼중얼 발표는 혼자 조용히 말하며 발표 내용을 연습하는 방법이에요. 여러 번 반복하며 생각을 정리하면 발표가 훨씬 자연스러워지고 자신감도 생길 거예요.”

2. 중얼중얼 발표하기

발표할 내용은 머릿속이 아니라 입으로 정리합니다. 한 번만 말해 보는 것이 아니라 1~2분 동안 발표 내용을 반복해서 말하며 익히도록 합니다.

예를 들어 “우리 마을에 대해 떠오르는 내용을 중얼중얼 발표로 이야기해 봅시다.”와 같이 중얼중얼 발표를 시작합니다. 학생은 발표 내용을 중얼거리며 자연스럽게 자기 생각을 정리하고 교사는 교실을 돌아다니며 학생들이 연습을 잘할 수 있도록 피드백을 제공합니다.

3. 중얼중얼 발표 시작 지원하기

중얼중얼 발표를 시작하기 전 무슨 말을 해야 할지조차 떠오르지 않는 학생도 있습니다. 이때는 “마을에 대해 생각나는 낱말을 먼저 말해 볼까요?”처럼 떠오르는 낱말을 중심으로 간단한 문장을 만드는 연습을 하면 도움이 됩니다. 처음부터 문장을 완벽하게 만들려고 하기보다 생각나는 대로 말해 보고 점차 다듬어 가는 과정이 중요합니다.

한 끗 차이

- ✓ 중얼거리는 과정을 스마트폰이나 태블릿PC로 녹음해 스스로 들어 보는 것도 발표력 향상에 도움이 됩니다.

03. 소곤소곤 발표

    많은 사람 앞에서 바로 발표하기 전 일대일로 말하는 연습을 하면 긴장감을 낮추고 발표 부담을 줄일 수 있습니다.

    소곤소곤 발표는 발표 내용을 짝에게 먼저 조용히 말해 본 뒤 전체 발표로 확장하는 방식으로 생각을 다듬어 명확하게 정리하도록 돕는 수업 기술입니다. 짝과 조용히 이야기하며 자연스럽게 경청 태도를 기르고 친밀감도 함께 형성됩니다.

1. 소곤소곤 발표 소개하기

    "소곤소곤 발표는 짝과 발표 내용을 귓속말로 나누는 활동이에요." 전체 발표의 부담을 줄이기 위해 먼저 짝에게 조용히 말하도록 안내하고 짝의 반응을 바탕으로 생각을 보완하는 과정임을 강조합니다.

2. 소곤소곤 발표하기

"세종대왕의 업적에 대해 짝과 소곤소곤 발표를 해 봅시다." 짝과 마주 앉아 발표를 조용히 연습합니다. 짝은 발표를 들은 후 간단한 피드백이나 질문을 던져 내용을 보완할 수 있도록 돕습니다.

소곤소곤 발표로 이야기 나누는 모습

예를 들어 "세종대왕은 백성을 위해 한글을 창제했어."라고 발표하면 짝이 "한글을 만드는 과정에서 어떤 노력이 있었는지도 추가하면 좋겠어."라고 피드백을 줄 수 있습니다.

3. 단계별로 확장하기

소곤소곤 발표 전에 중얼중얼 발표[1]로 생각을 정리한 뒤 전체 발표로 확장하면 말하기의 부담을 줄이고 점차 자신 있게 말할 수 있습니다. 여기에 짝의 발표 내용을 대신 전하는 앵무새 발표[2]를 더하면 경청과 요약 능력도 함께 기를 수 있습니다.

한 끗 차이

✔ 짝의 소곤소곤 발표를 듣고 좋았던 점, 궁금한 점 한 가지씩 피드백을 주고받도록 하면 친구의 발표에 더욱 경청하게 됩니다.

---

[1] 29쪽의 '중얼중얼 발표'와 함께 활용해 보세요.
[2] 41쪽의 '앵무새 발표'와 함께 활용해 보세요.

04. 오감 발표

오감으로 표현하며 창의적으로 발표해요.

학습한 내용을 바탕으로 자신의 생각을 말할 때 많은 학생들이 익숙한 표현만 반복하곤 합니다. 특히 눈에 보이지 않는 느낌이나 인상을 말로 설명하는 데 어려움을 느껴 발표가 단순한 요약이나 비슷한 말로 끝나는 경우가 많습니다.

오감 발표는 학습 내용을 냄새, 맛, 색깔 등으로 비유하여 표현하는 수업 기술입니다. 비유적 표현을 활용하여 생각이나 느낌을 창의적인 방식으로 풍부하게 드러내고 생각의 이유를 자연스럽게 떠올려 발표하게 됩니다.

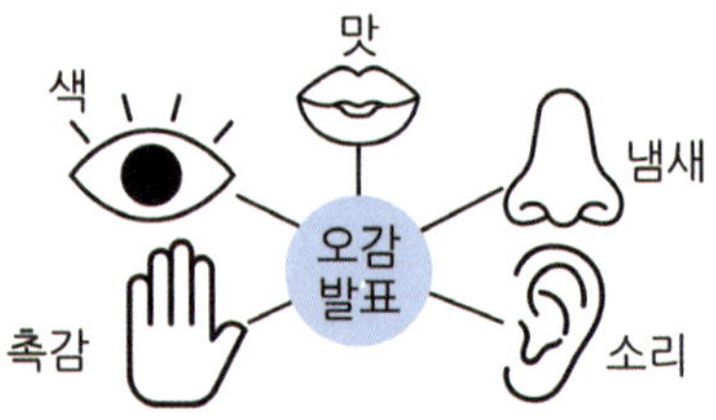

오감 발표의 요소

"오늘 읽은 책을 냄새나 맛, 색깔로 표현해 볼까요?" 처음에는 교사가 간단한 예시를 들어 학생들이 쉽게 접근할 수 있도록 안내합니다. 예를 들어, "이 책은 달콤한 초콜릿 같아요. 읽을수록 기분이 좋아졌거든요."와 같이 교사가 시범을 보여 줍니다. 학생들이 다양한 표현을 시도할 수 있도록 교사가 먼저 시범을 보이는 것이 중요합니다.

2. 오감 발표하기

"이 책에서 왕이 펼친 정치는 먹고 나면 쓴맛이 남는 약과 비슷하다고 생각합니다. 백성을 위한 정책이었지만 반대 세력 때문에 끝까지 이어지지 못해 아쉬움이 남았기 때문입니다.", "이 장면에서는 비 온 뒤의 맑은 공기 같은 냄새가 떠오릅니다. 왕의 정책으로 백성들의 삶이 이전보다 나아지고 변화의 시작이 느껴지는 장면이기 때문입니다.”, “저는 주인공을 생각하면 빨간색이 떠오릅니다. 주인공이 백성을 돕는 장면에서 마음이 따뜻해졌기 때문입니다.” 이처럼 오감을 활용해 비유적으로 표현하면 생각을 구체적이고 창의적으로 전달할 수 있습니다.

3. 수업에서 활용하기

오감 발표는 다양한 교과에서 활용할 수 있습니다. 국어 수업에서는 소설이나 시, 이야기 속 장면을 감각적으로 표현할 수 있습니다. 미술 수업에서는 작품의 색감이나 분위기를 비유적으로 표현하며 감상의 폭을 넓힐 수 있습니다. 사회나 역사 수업에서는 사건이나 인물의 성격, 시대적 분위기를 감각적으로 표현하며 이해를 높입니다.

한 끗 차이

✔ 어떤 맛, 냄새, 색깔을 선택했는지보다는 그렇게 표현한 이유를 친구들에게 구체적으로 설명하는 것이 중요합니다.

05. 서바이벌 발표

반복되는 내용은 파하고 독창적으로 생각을 표현해요.

"쓰레기를 아무 데나 버리지 않아야 합니다.", "저도 같은 생각입니다." 이처럼 발표 상황에서 같은 의견이 반복되면 수업이 단조롭고 지루해집니다. '다른 친구가 이미 말했으니 그 의견을 따르면 되겠지?'라는 생각이 생기면 학생들은 새로운 의견을 고민하지 않게 됩니다.

서바이벌 발표는 학생들이 비슷한 내용 대신 독창적인 생각을 표현하도록 돕는 수업 기술입니다. 전체가 일어나면 발표가 시작되기 때문에 모든 학생이 발표에 참여하게 됩니다.

1. 서바이벌 발표 소개하기

"오늘 발표는 조금 색다르게 진행해 볼 거예요. '우리 동네 사람들이 함께 지켜야 할 가장 중요한 약속은 무엇일까?'를 주제로 생각해 봅시다. 자리에 모두 일어서서 발표하되 내 의견과 비슷한 생각을 다른 친구가 말했다면 그때

는 함께 자리에 앉으면 됩니다. ○○이부터 먼저 시작해 볼
까요?”

2. 서바이벌 발표하기

생각을 정리할 충분한 시간을 가진 후 서바이벌 발표를
시작합니다. 한 학생이 의견을 말하면 비슷한 생각을 한 학
생은 발표한 친구와 동시에 자리에 앉습니다. 남아 있는 학
생은 발표를 이어 갑니다.

서바이벌 발표로 생각을 주고받는 모습

예를 들어 “밤에 집에서 음악 소리를 크게 틀지 않아요.”
라는 의견이 나오면 비슷한 생각을 한 학생은 자리에 앉습
니다. “엘리베이터에서 버튼을 제일 먼저 누른 사람이 다른

사람이 모두 내릴 때까지 기다려줘요."와 같이 새로운 의견을 가진 학생은 발표를 이어 갑니다. 처음에는 단순한 생각이 많을 수 있지만 점차 새로운 아이디어를 생각해 내는 연습을 하게 됩니다.

3. 더 많은 아이디어 촉진하기

이미 같은 의견이 나와 자리에 앉은 학생들도 끝까지 생각을 이어 가도록 기존 의견을 조합하거나 확장하도록 유도합니다. "지금까지 나온 의견 중 두 가지 이상을 합쳐 새로운 아이디어를 만들어 볼까요?", "지금 의견을 조금 더 구체적으로 제안해 볼까요?"와 같은 질문을 통해 새로운 의견을 내기 어려운 학생들도 기존 아이디어를 발전시키며 참여하도록 합니다.

한 끗 차이

☑ 매번 발표를 하지 않고 있는 학생에게는 서바이벌 발표 후 누구의 의견과 같았는지를 물어보며 참여를 유도합니다.

06. 앵무새 발표

대신 발표하며 경청하는 힘을 길러요.

학생들은 자신의 생각은 자신 있게 발표하지만 다른 친구의 의견에는 집중하지 못하는 경우가 종종 나타납니다. 말하기는 익숙해졌지만 경청을 바탕으로 한 발표 경험은 상대적으로 부족합니다.

앵무새 발표는 친구의 이야기를 듣고 대신 발표하는 수업 기술입니다. 친구의 발표를 이해하고 자신의 말로 다시 전달해야 하므로 단순히 듣는 것을 넘어 내용을 깊이 생각하고 정리해야 합니다. 이 활동을 통해 학생들은 경청하는 태도와 논리적인 말하기 능력을 함께 기를 수 있습니다.

1. 앵무새 발표 소개하기

"친구가 이야기한 내용을 대신 발표해 봅시다. 짝이 한 말을 그대로 따라 하는 것이 아니라 내가 이해한 만큼만 말하면 됩니다." 학생들이 부담을 느끼지 않도록 모든 내용을 기억하는 것이 아니라 중요하다고 생각하는 핵심 내용을 정리해 말하면 된다는 점을 강조합니다.

2. 앵무새 발표하기

"내가 가장 좋아하는 책을 친구들에게 소개해 봅시다." 먼저 짝(또는 모둠)에게 자기 생각을 이야기합니다. 한 사람이 내용을 말하면 짝은 그 내용을 듣고 이해한 것을 학급 친구들에게 발표합니다. "짝이 말한 내용을 떠올려 앵무새 발표로 이야기해 볼까요?", "제 짝은 『어린 왕자』를 가장 좋아한다고 했어요. 친구를 사귈 때 무엇이 중요한지를 생각해 보게 해줬대요."

"저는 이 책을 읽으면 마음이 조용해지는 느낌이 들어서 좋다고 생각했어요."와 같이 짝의 생각에 자신의 생각을 덧붙여도 좋습니다.

3. 효과 높이기

처음에는 어렵게 느껴질 수 있으므로 핵심 키워드 두세 개를 중심으로 발표 내용을 정리하는 연습을 합니다. 예를 들어 좋아하는 책을 소개하는 경우 책 제목, 등장인물, 느낀점 등과 같은 키워드를 주고 그에 대한 답을 중심으로 발표 내용을 정리합니다. 익숙해지면 친구의 발표를 요약하거나 핵심 내용을 전달하는 연습으로 확장할 수 있습니다. 단순히 암기하는 것이 아니라 이해한 내용을 자신의 언어로 재구성해 발표하는 것이 중요합니다.

한 끗 차이

- ✅ 대신 발표한 내용을 들은 뒤 발표자가 다시 자신의 의견을 덧붙이는 방식으로 진행하면 자연스럽게 협력할 수 있습니다.
- ✅ 짝을 바꿔 여러 번 말하도록 하면 같은 내용을 반복하면서 표현을 다듬고 발표 내용을 보완해 자연스럽게 말하기 능력이 향상됩니다.

II.
동시에
생각을 나눠요

"선생님 잠깐 시간 괜찮으세요?"

"네, 괜찮아요. 무슨 일이에요?"

"요즘 아이들이 발표도 잘하고 경청 태도도 훨씬 좋아졌어요."

"반가운 이야기네요. 그런데 어떤 고민이 또 생기셨나요?"

"한 명씩 발표하다 보니 시간이 너무 오래 걸려요. 한 명이
발표하는 동안 나머지 아이들이 기다리는 시간도 길고요. 그래서
발표 기회도 적고, 수업 흐름도 자꾸 끊어지는 것 같아요."

"그럴 수 있겠네요. 아이들도 발표를 들으며 기다리는 시간이
길어지면 지루해하지 않나요?"

"맞아요. 그래서 혹시 동시에 여러 명이 생각을 나눌 수 있는
수업 기술이 있을까 여쭤보고 싶었어요."

"학생들에게 말할 기회는 많으면 많을수록 좋아요.
꼭 한 명씩 말하는 것만 발표라고 생각할 필요는 없죠. 둘이 짝을 지어서
이야기하는 방법도 있고, 모둠끼리 생각을 나누는 방법도 있고,
모두가 동시에 자신의 생각을 말해 보게 할 수도 있어요.

07. 가위바위보 인터뷰

즐겁게 움직이며 친구들과 질문하고 대답해요.

질문은 학습을 깊게 만드는 중요한 요소이지만 학생들은 질문하고 대답하는 상황 자체를 부담스러워하는 경우가 많습니다. 또한 늘 같은 짝이나 모둠 안에서만 대화가 이루어지면 다양한 생각을 접할 기회가 제한됩니다.

가위바위보 인터뷰는 학생들이 교실을 자유롭게 돌아다니며 반 전체 친구들과 골고루 의견을 나누고 서로의 생각을 비교하며 공감할 기회를 제공하는 수업 기술입니다.

1. 가위바위보 인터뷰 소개하기

학생들은 자유롭게 이동하며 만나는 친구와 가위바위보를 합니다. 이긴 학생이 질문하고 진 학생은 질문에 답합니다. 질문은 교사가 미리 정할 수도 있고 학생들이 직접 정할 수도 있습니다. 원하는 친구를 골라서 만나기보다는 다니면서 보이는 친구와 바로 가위바위보를 하도록 하여 활동 시간을 줄입니다.

2. 가위바위보 인터뷰하기

"이야기 속 인물과 비슷한 경험이 있는지 떠올려 봅시다. 생각이 정리된 친구부터 교실 중앙으로 나와 가위바위보 인터뷰를 시작하세요." 이렇게 활동을 시작하면 준비가 빠른 학생은 더 많은 친구와 대화할 수 있고, 생각이 정리되지 않은 학생은 충분히 준비할 시간을 가지며 각자의 속도에 맞춰 부담 없이 참여할 수 있습니다.

이야기 속 인물과 비슷한 경험에 대해 가위바위보 인터뷰하기

3. 활동 되돌아보기

"오늘 친구들과 이야기하며 새롭게 알게 된 점이 있나요?" 활동이 끝난 후에는 다양한 친구들의 생각을 비교하고 새로운 시각을 발견하는 과정까지 연결하는 것이 중요합니다. "다른 친구와 내 생각을 비교했을 때 비슷한 점과 다른 점은 무엇인가요?", "대화를 나누면서 새롭게 떠오른 생각이 있었나요?"와 같은 질문을 통해 학생들은 친구와 나눈 대화를 돌아보며 사고를 확장합니다.

한 끗 차이

✔ 활동 시간이 충분할 경우 발표 내용을 정리하는 기록지를 활용하면 반 전체가 의견을 공유하는 경험이 더 풍부해집니다.

08. 칠판 밑 생각 나눔터

활동 시간 차이를 효율적으로 활용해요.

　개별 활동을 하다 보면 활동 속도가 달라 일부 학생은 과제를 빨리 끝내고 기다리는 경우가 있습니다. 반대로 주어진 시간이 끝날 때까지도 과제를 마치지 못하는 학생도 있습니다.

　칠판 밑 생각 나눔터는 학생들의 활동 속도 차이를 고려하여 결과물을 공유하는 수업 기술입니다. 먼저 활동을 마친 학생들은 무작정 기다리는 대신 칠판 밑에서 결과물을 공유하고 피드백을 주고받으므로 학습 시간을 알차게 사용할 수 있습니다.

1. 교사 피드백 받기

　시간 안에 끝내려는 마음에 급하게 활동을 마무리하는 학생이 있을 수 있습니다. 이러한 경우를 예방하기 위해 먼저 끝낸 학생은 교사의 피드백을 받은 뒤 자리로 돌아가 자신의 결과물을 다시 살펴보고 보완하는 시간을 갖도록 합니다.

2. 칠판 밑 생각 나누기(활동 속도가 빠른 학생)

피드백을 반영해 결과물을 수정한 학생들은 칠판 밑에 모여 서로의 결과물을 공유합니다. 이때 중요한 점은 일대일로 결과물을 공유하고 피드백하는 것입니다. 아직 활동 중인 친구들에게 방해가 되지 않도록 작은 목소리로 이야기하도록 합니다. 친구의 피드백을 듣거나 다른 친구의 결과물을 보고 스스로 보완이 필요하다고 느낀 학생은 다시 자리에 돌아가 자신의 결과물을 수정한 뒤, 칠판 밑 공유 과정을 반복합니다.

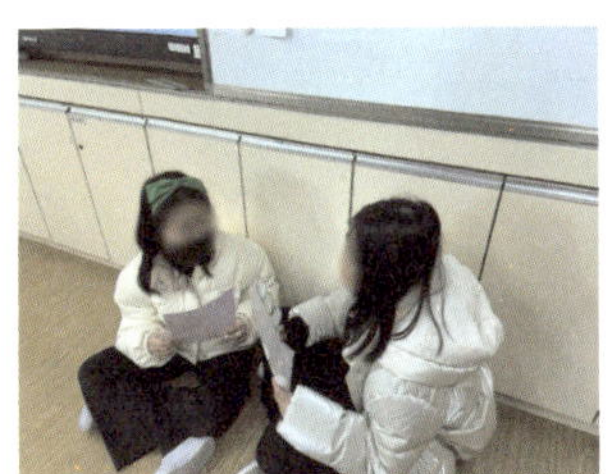

칠판 밑에서 친구와 결과물을 공유하는 장면

3. 활동 마무리하기(활동 속도가 느린 학생)

활동 속도가 느린 학생이 다른 친구를 보며 서두르지 않도록 안내합니다. 결과물을 충분히 공유하지 못하고 수업을 마무리해야 하는 경우, 교사의 피드백을 받은 뒤 교실에 결과물을 게시하거나 다음 시간에 공유 시간을 추가로 제공합니다. 이 과정을 통해 학생은 자신의 생각을 정리할 시간을 충분히 갖고 활동의 의미를 놓치지 않게 됩니다. 또한 학습 속도의 차이가 평가의 차이로 이어지지 않도록 배려하는 수업 문화를 형성할 수 있습니다.

한 끗 차이

- ✅ 활동 전 학생들에게 활동에 대한 피드백 기준을 알려 주고 칠판에 적어 두면 동료 피드백이 구체적으로 이루어집니다.
- ✅ 교사 피드백을 기다리는 학생이 동시에 많아질 경우, 학생들이 칠판 밑 공유 활동에 먼저 참여하도록 안내하여 수업 시간을 효율적으로 운영합니다.

   교실에서 바로 꺼내 쓰는 수업 기술

09. 클락 버디

"선생님, 또 짝이랑 이야기해요? 지겨워요. 다른 친구들이랑도 이야기하고 싶어요." 같은 모둠이나 짝과만 대화하다 보면 다양한 친구의 생각을 들어 볼 기회가 줄어듭니다.

클락 버디는 다양한 친구를 만나 생각을 나누며 수업에 활력을 더하는 수업 기술입니다. 시계 모양 종이에 시간대별로 다른 친구의 이름을 적어 두고 교사가 특정 시간을 부르면 해당 친구와 만나 활동합니다.

1. 클락 버디 정하기

학생들은 교실을 자유롭게 돌아다니며 친구에게 "12시에 나랑 클락 버디 친구 할래?"하고 물어봅니다. 이때 친구가 동의하면 서로의 이름을 12시 칸에 적고 서로가 12시 짝이 됩니다. 서로의 이름을 해당 시간에 통일해서 적지 않으면 짝이 맞지 않아 만날 수 없게 됩니다. 따라서 약속을 먼저 정한 후에 기록하는 것이 중요합니다. 완성된 클락 버디 시계판은 교실 뒤편이나 책상 위에 붙여 두고 생각을 나누거나 협력 활동이 필요할 때마다 활용합니다.

클락 버디 활동 예시

2. 생각 나누기

"내가 생각하는 '아름다운 사람'은 어떤 사람인지 2시 짝과 만나서 이야기를 나누세요." 학생들은 시계판의 2시 위치에 적힌 친구와 짝이 되어 활동합니다. 시간대를 바꿔 가며 반복하면 매번 새로운 짝이 구성되어 활동의 다양성이 높아집니다. 학생들은 '이번에는 어떤 친구와 함께할까?'라는 기대감을 가지며 활동에 참여하게 됩니다.

클락 버디 학습지

한 끗 차이

- ✔ 'Clock Buddies Generator' 사이트를 활용하면 학생별 클락 버디 시계를 자동으로 제작할 수 있습니다.
- ✔ 학생들이 동성끼리만 짝을 정하지 않고 다양한 성별을 친구로 만날 수 있도록 12명의 클락 버디 중 절반은 동성, 절반은 이성 친구로 구성하도록 안내합니다.

10. Think Pair Share

친구들과 생각을 나누고 발전시켜요.

수업 중 교사가 갑자기 질문을 던지면 소수의 학생만 대답하고 끝나는 경우가 많습니다. 생각할 시간이 부족하면 학생들은 답을 정리하지 못해 발표 기회를 놓치기도 하고 조용한 학생은 수업에 적극적으로 참여하지 못하기도 합니다.

Think Pair Share(TPS)는 개별적으로 먼저 생각한 뒤 짝과 논의하고 마지막으로 전체와 공유하는 협력 학습 수업 기술입니다. 충분한 사고 시간과 상호작용을 제공해 참여도를 높이고 논리적으로 의견을 정리하는 능력을 길러 줍니다.

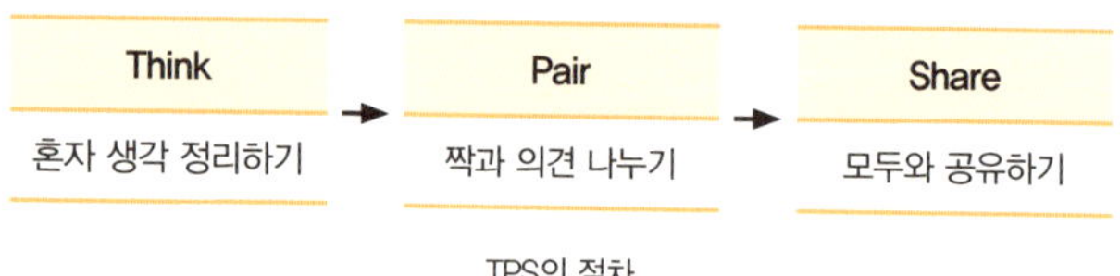

TPS의 절차

1. Think(혼자 생각 정리하기)

"환경 오염의 주요 원인은 무엇일까요?" 교사가 탐구 문제를 제시하면 학생들은 각자 생각하는 시간을 가집니다. 이 과정에서 배경지식을 떠올리고 자신의 의견을 구성하게 됩니다. 충분한 사고 시간을 제공하면 깊이 있는 의견을 형성할 수 있습니다.

2. Pair(짝과 의견 나누기)

"환경 오염의 원인에 대해 생각한 내용을 짝과 나누어 봅시다." 자신의 의견을 말하면서 생각을 정리하고 상대의 의견을 들으며 새로운 관점을 배웁니다. "짝이 생각한 내용과 내 생각은 어떻게 다른가요?", "어떤 점이 같고 어떤 점이 다를까요?"와 같은 질문을 통해 서로의 의견을 비교하고 사고를 확장하도록 돕습니다.

3. Share(모두와 공유하기)

"짝과 나눈 이야기를 모두 함께 나눠 볼까요?" 짝과 공유한 내용을 다같이 공유하는 단계입니다. 한 사람이 대표로 발표하거나 서로의 생각을 종합해 함께 발표할 수도 있습니다. "저와 짝은 공장과 자동차의 배기가스가 대기 오염을 심각하게 만든다고 생각했어요. 특히 대도시의 탁한 공기와 미세먼지도 그 영향이라고 이야기했습니다." 공유 과정에서 "질문이나 보충할 점이 있는 친구 있나요?", "환경 오염의 다른 원인에는 어떤 것이 있을까요?"와 같은 교사의 질문은 사고의 확장을 도울 수 있습니다.

한 끗 차이

- ✔ Think 단계에서 메모로 생각을 정리해 보도록 할 수 있습니다.
- ✔ 여러 친구의 의견을 종합해 비교하는 활동으로 확장할 수 있습니다.

11. 피라미드 토의

모든 학생이 의견을 제시하고 단계적으로 결정해요.

의견을 하나로 모아 결정해야 하는 경우 모든 학생의 의견을 듣고 가장 적절한 의견으로 결정하고 싶지만 두 가지 어려움이 있습니다. 첫째, 제한된 수업 시간 안에 모든 학생의 의견을 듣고 결정하기 어렵습니다. 둘째, 매번 같은 학생만 의견을 제시하고 나머지 학생들은 따르기만 합니다.

피라미드 토의는 개별→짝→모둠→분단→학급 전체로 의견을 단계적으로 논의하며 결정하는 수업 기술입니다. 모든 학생이 토의에 참여하면서도 효율적인 시간 운영이 가능합니다.

1. 의견 작성하기

"우리 반 공동체가 함께 지켜야 할 약속을 한 가지 생각해 봅시다." 학생들은 각자의 의견을 포스트잇에 크게 적습니다. 의견에 대한 근거는 포스트잇 뒷면에 간단하게 메모합니다.

2. 짝-모둠-분단 단위에서 의견 결정하기

"짝과 만나 의견을 나누고 그중 한 가지 의견을 정하세요." 포스트잇을 짝과 공유하며 서로의 의견을 설명합니다. 이후 짝과 논의하여 공동 의견 하나를 선정합니다. 다음 단계에서는 모둠(4인)으로 모여 다시 논의하고 하나의 의견으로 결정합니다. 이후 분단(8인)으로 모여 모둠 의견을 공유하고 다시 하나의 의견을 결정합니다.

피라미드 토의 순서

각 단계의 토의 시간은 약 3분입니다. 인원이 늘어나더라도 이전 단계에서 결정된 의견을 가지고 하나씩 비교하므로 단계별로 긴 시간이 필요하지 않습니다.

3. 우리 반 전체의 의견 하나로 모으기

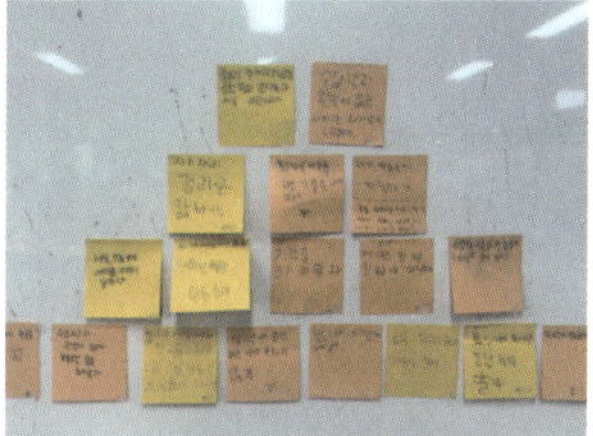

우리 반 공동체가 함께 지켜야 할 약속에 대한 피라미드 토의

각 단계가 끝날 때마다 선택되지 않은 의견은 칠판이나 이젤 패드 등 한 곳에 붙입니다. 마지막으로 우리 반 전체의 의견을 확인합니다. 결정된 의견에 보완할 점이나 문제점은 없는지 확인하고 더 이상 논의할 점이 없다면 결정된 의견을 실천합니다.

한 끗 차이

☑ 모둠이나 분단 단위에서 의견이 하나로 좁혀지지 않으면 절충안을 새로 만들거나 두 가지 의견을 모두 가져가도 됩니다.

12. 물레방아 토의

　모둠이나 반 전체로 토의를 하다 보면 말하기에 자신 있는 몇몇 학생이 주로 발표하게 됩니다. 말하는 데 부담을 느끼는 학생은 참여도가 줄어들고 생각을 말할 기회를 놓쳐 말하지 못하는 상황이 생기기도 합니다. 이런 토의 상황에서는 제한된 시간 안에 다양한 의견을 고르게 나누기 어렵습니다.

　물레방아 토의는 학생들이 안쪽 원과 바깥쪽 원을 만들어 서로 마주한 뒤 자리를 이동하며 많은 친구들과 주제에 대해 이야기를 나누는 수업 기술입니다. 짧은 시간 안에 모든 학생이 의사소통하며 다양한 생각을 나눌 수 있습니다.

1. 토의 주제에 대한 내 생각 정리하기

　물레방아 토의를 시작하기 전 토의 주제에 대한 자신의 생각을 정리합니다. 예를 들어 토의 주제가 '학교에서 지켜야 할 가장 중요한 약속은 무엇일까?'라면 학생들은 중요하다고 생각하는 약속 한 가지와 그 이유를 공책에 간단히 적습니다. 이렇게 미리 생각을 정리해 두면 여러 사람을 만나더라도 주제에서 벗어나지 않고 자신의 생각을 일관되게 표현할 수 있습니다.

2. 물레방아 토의하기

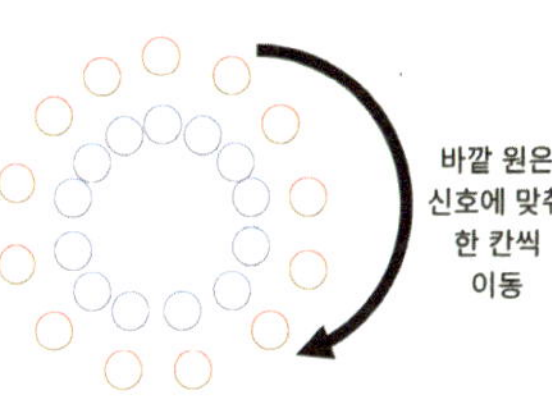

물레방아 토의 방법

1. 안쪽 원과 바깥쪽 원을 만들어 학생들이 마주 보게 배치합니다.
2. 안쪽과 바깥쪽에서 마주한 두 학생이 주제에 대해 이야기합니다.
3. 신호가 울리면 바깥쪽 원이 정해진 방향으로 한 칸 이동합니다.
4. 이동 후 새롭게 만난 두 학생이 같은 주제로 다시 이야기합니다.
5. 이 과정을 반복하며 여러 친구와 차례로 토의를 이어 갑니다.

3. 물레방아 토의 시 안내 사항

동시에 모든 학생이 이야기하므로 내 앞 사람만 들을 수 있는 목소리로 대화합니다. 한 사람과의 대화 시간은 2~3분 정도로 운영해 학생들이 집중력을 유지하며 활동에 참여하도록 합니다. 토의가 고르게 이루어지도록 신호가 울리면 말이 끝나지 않았더라도 바로 이동하도록 합니다. 활동이 끝난 뒤에는 "여러 친구와 이야기하며 내 생각이 어떻게 달라졌나요?"와 같은 질문을 통해 토의 경험을 성찰해 봅니다.

한 끗 차이

- ✔ 이동할 때 이전에 만난 친구의 의견을 한 문장으로 요약해 말하고 시작하도록 하면 상대방의 의견을 더 집중해서 듣게 됩니다.
- ✔ 토의 전 옆 사람과의 간격을 최대한 넓히고 위치를 조정해주면 원활한 토의에 도움이 됩니다.

13. 둘 가고 둘 남기

모두가 듣고 말하며 의견을 공유해요.

모둠 활동을 마친 뒤 토의한 내용을 발표하면 매번 같은 학생이 발표하는 경우가 많습니다. 모둠의 모든 학생이 자연스럽게 역할을 골고루 나누어 참여하도록 하기가 쉽지 않습니다.

둘 가고 둘 남기는 한 모둠에서 두 명은 다른 모둠으로 이동해 설명을 듣고 나머지 두 명은 모둠에 남아 다른 친구에게 토의 결과를 설명하는 수업 기술입니다. 모든 학생이 발표와 듣기 역할을 고르게 수행하면서 아이디어도 공유에도 적극적으로 참여하게 됩니다.

1. 모둠별 과제 해결하기

프로젝트 수행이나 보고서 작성, 아이디어 생성과 같은 과제는 주로 모둠 활동으로 이루어집니다. 이때 모둠원들은 각자의 역할을 맡아 자료를 탐색하고 의견을 조율하며 하나의 결과물을 완성해 나갑니다. 의미 있는 모둠 활동을 위해서는 모든 모둠원이 활동의 목표를 공유하고 수행해야 할 과제와 그 목적을 충분히 이해한 뒤 각자의 역할을 분담하는 과정이 필요합니다.

2. 둘 가고 둘 남기

모둠 활동이 마무리되면 학생들은 모둠 안에서 정해진 번호에 따라 이동하거나 설명하는 역할을 맡습니다.

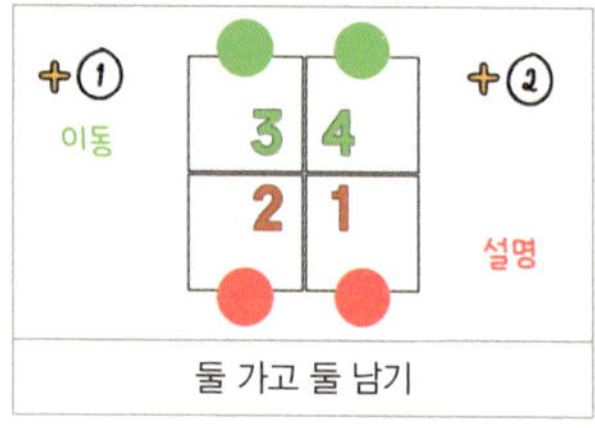

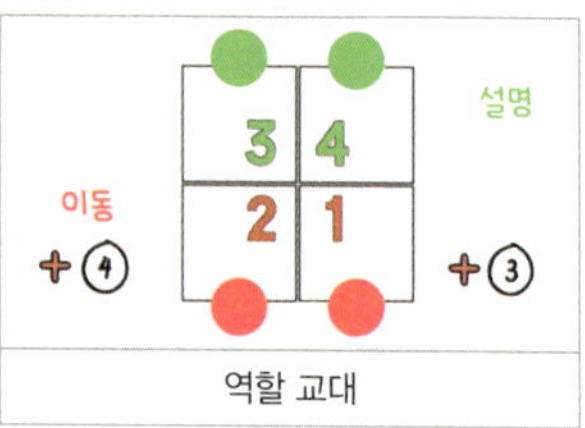

'둘 가고 둘 남기'에서 역할 분담 및 이동 방법

1, 2번 학생은 모둠에 남아 우리 모둠의 활동 결과를 다른 모둠 친구들에게 설명합니다. 3번 학생은 우리 모둠의 +1 모둠, 4번 학생은 +2 모둠으로 이동합니다. 이동한 학생들은 다른 모둠에 남아 있는 1번, 2번 학생에게 설명을 듣고, 궁금한 점이나 잘한 점 등에 대해 피드백을 나눕니다.

3. 결과 공유 및 역할 교대

의견 공유가 끝나면 다시 원래 모둠 자리로 돌아옵니다. 1, 2번 학생은 다른 모둠 친구에게서 받은 피드백을 공유합니다. 3, 4번 학생은 다른 모둠에서 들은 설명을 전달합니다. 이를 바탕으로 우리 모둠의 결과물을 점검하고 보완합니다.

모둠에 남아 설명하는 학생들은 다른 모둠의 발표를 직접 듣기 어렵다는 단점이 있습니다. 이러한 어려움을 보완하기 위해 이후 역할을 바꾸어 운영할 수 있습니다. 3, 4번 학생이 모둠에 남아 우리 모둠의 결과물을 설명하고 1, 2번 학생이 +3 모둠과 +4 모둠으로 이동합니다. 이 과정을 통해 학생들은 다른 모둠의 생각을 접하고 비교하며 자신의 생각을 확장할 수 있습니다.

한 끗 차이

✔ 하나 남고 다 가기, 셋 남고 하나 가기 등으로 변형할 수 있습니다.

14. 갤러리 워크

교실을 하나의 미술관으로 만들어 서로의 생각을 공유해요.

활동이나 프로젝트를 마친 후 모든 학생이 개별 발표를 하기에는 시간적 제약이 따릅니다. 그렇다고 일부만 발표하게 되면 다른 친구의 결과물을 살펴볼 기회가 줄어들고 다양한 아이디어를 접할 기회도 적어집니다.

갤러리 워크는 교실을 하나의 미술관처럼 꾸며 모둠별 결과물을 공유하고 동료 피드백을 통해 서로의 아이디어를 확장하는 수업 기술입니다.

1. 갤러리 꾸미기

"모둠별로 우리가 살고 싶은 마을 작품을 잘 만들어 주었어요. 이제 우리 교실을 미술관으로 만들어 각 모둠의 작품을 전시해 보겠습니다." 각 모둠은 자신의 결과물을 교실 벽면, 책상, 게시판 등을 활용해 다양한 형태로 전시합니다.

2. 전시 관람 및 피드백 나누기

"갤러리 워크로 다른 모둠이 만든 우리가 살고 싶은 마을을 관찰해 보세요. 그리고 질문이나 감상평을 포스트잇에 작성합니다." 학생들은 자유롭게 이동하며 다른 모둠의 결과물을 관람합니다. 이때 질문이나 감상평을 포스트잇에 적어 남기는 등 피드백을 주고받는 것이 중요합니다.

작품으로 제작한 '우리가 살고 싶은 마을'을 갤러리 워크로 감상하는 모습

3. 의견 공유 및 발전시키기

"받은 피드백을 바탕으로 어떤 점을 보완할 수 있을까요?" 작품을 관람한 후 학생들은 자신의 전시물로 돌아가 다른 친구로부터 받은 피드백을 확인하고 보완할 점을 모둠과 함께 의논합니다. 갤러리 워크를 통해 단순히 학습 결과물을 감상하는 것이 아니라 서로의 아이디어를 접하고 피드백을 바탕으로 자신의 아이디어를 발전시키게 됩니다.

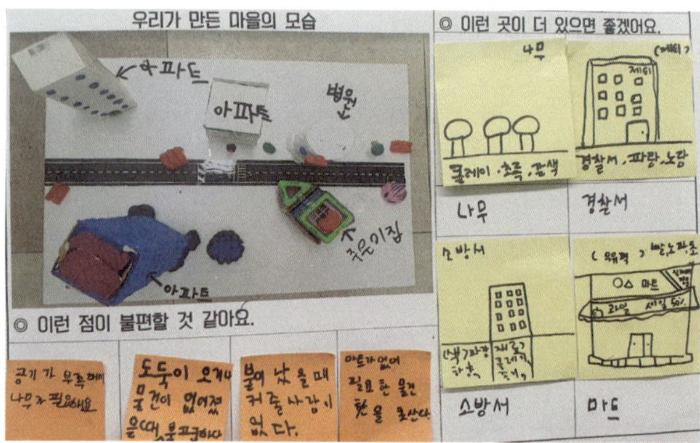

갤러리 워크 이후 학생 간 피드백을 나눈 사례

한 끗 차이

✔ 작품을 감상하며 의견을 나눌 때 사용할 피드백 도구(포스트잇, 피드백 학습지 등)를 미리 준비하면 원활하게 활동이 진행됩니다.

15. 주도적 코너 학습

원하는 자료를 선택하고 생각을 나누어요.

수업에서 다양한 사례를 제시하거나 여러 자료를 활용하고 싶은 경우가 있습니다. 그러나 시간 여건상 모든 자료를 충분히 다루기 어려워 일부 자료만 선택하는 방식으로 타협하게 되는 경우가 발생합니다. 이 과정에서 교사가 선정한 자료가 학생의 흥미나 관심사와 다를 수 있으며 학생마다 이해 수준과 반응이 의도와 다르게 나타날 수 있습니다.

주도적 코너 학습은 교사가 학습 목표에 맞는 자료를 코너별로 다양하게 제시하고 학생이 자신의 관심과 수준에 따라 자료를 선택하여 학습하도록 하는 방법입니다. 학생들은 선택한 자료를 중심으로 탐색 활동을 진행하며 동일한 자료를 선택한 학생들끼리 자연스럽게 한 코너에 모이게 됩니다. 이 과정에서 학생들은 자료에 대한 관점과 이해를 서로 공유하고 질문을 주고받으며 대화를 이어갑니다.

1. 주도적 코너 학습 상황 및 자료 계획하기

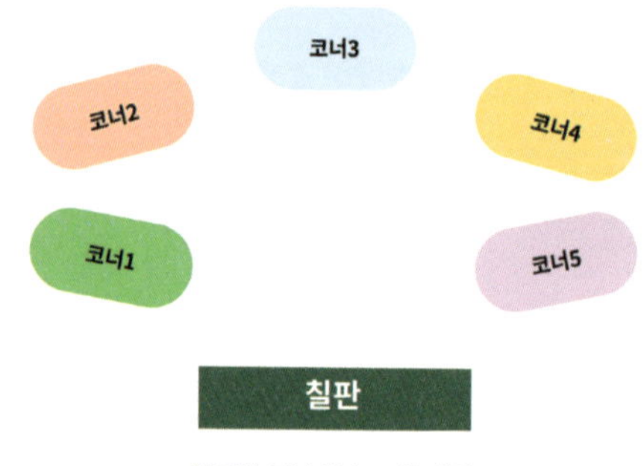

주도적 코너 학습 교실 배치

주도적 코너 학습은 조사 활동이 필요한 차시나 단계, 글의 핵심 내용 파악이나 예술 작품 감상 등 다양한 수업에 활용할 수 있습니다. 교사는 수업에 필요한 사진이나 자료를 3~5점 선정하여 각 코너에 배치합니다.

2. 코너로 이동하여 자료 탐색하기

"교실 곳곳에 김홍도의 작품이 전시되어 있습니다. 이 작품의 장면과 관련된 문장을 짜임별로 만들어 보세요. 어떤 작품으로 문장을 만들고 싶은지 스스로 선택하세요." 학생들은 포스트잇과 필기구를 가지고 각 코너로 이동한 뒤 작품을 관찰합니다. "'어떠하다.'로는 어떤 문장을 만들 수 있을까?", "'사람이 많다.' 어때?"처럼 코너에 있는 친구들과 대화를 나누며 문장의 짜임에 맞게 문장을 함께 만듭니다.

주도적 코너 학습으로 문장의 짜임에 맞게 문장 만들기를 하는 장면

3. 토의 후 정교화하기

코너 학습 후 자리로 돌아와 새롭게 알게 된 점이나 어려웠던 점에 대해 모둠 친구들과 대화를 나눕니다. 그 후 다시 코너로 이동하여 문장을 고치거나 새로운 문장을 만들며 정교화합니다. 수정이나 추가가 끝난 코너의 학생들은 다른 코너로 가서 결과물을 살펴봅니다.

한 끗 차이

☑ 탐색 중심 수업에서는 여러 코너를 짧게 여러 번 이동하도록 운영할 수 있습니다.

▶ 수업 스케치

수업 기술	주도적 코너 학습		
대상	초등학교 3학년	**교과**	미술
성취기준	[4미03-04] 작품 감상에 흥미를 가지고 참여하며 작품에 대한 자신의 감상 관점을 존중할 수 있다.		
수업 목표	주도적으로 미술 작품 감상하기		
수업 기술 적용 의도	마음에 드는 작품을 선택하여 같은 관심사를 가진 친구와 깊이 있는 감상을 하기 위해		

이 수업은 3학년 학생들과 마음에 드는 미술 작품을 깊이 있게 감상하고자 구성했습니다. 학생들은 각자 마음에 드는 미술 작품을 선택하여 감상한 후 자유롭게 감상했을 때와 특정 관점을 가지고 감상했을 때의 차이를 토의합니다. 마음에 드는 작품을 선택하여 같은 관심사를 가진 친구와 깊이 있는 감상을 하기 위해 주도적 코너 학습을 활용했습니다.

"교실을 한 번 둘러봅시다. 여러분 각자 교실에 전시된 작품 중 하나를 골라 감상할 거예요."

교실 코너마다 김홍도의 〈서당〉, 다빈치의 〈모나리자〉, 마그리트의 〈심금〉, 반 고흐의 〈밤의 카페 테라스〉, 칸딘스키의 〈구성 8〉이 전시되어 있습니다. 학생들은 각자 원하는 작품이 있는 코너로 이동합니다.

“컵에 구름이 떠 있는 게 솜사탕 같아.”

“말도 안 되는 그림이잖아. 왜 이렇게 컵이 큰 거지?”

“검은 줄 흰 줄이 피아노처럼 생겼어.”

“곳곳에 악보에서 쓰는 기호처럼 생긴 게 숨어 있어.”

학생들은 각자 선택한 작품 앞에 옹기종기 모여 자유롭게 감상 의견을 공유합니다.

선택한 작품을 감상하는 모습

충분히 이야기를 나눈 후 원래 모둠으로 돌아왔습니다.

“이번에는 관점을 정해서 감상해 봅시다. 돋보기처럼 집중해서 감상할 초점을 정하는 거예요. 어떤 관점으로 감상해 보고 싶나요?”

초기 자유 감상 이후 제시한 작품 감상 관점

　다시 코너 앞으로 가서 감상합니다. 감상 관점에 따라 감상을 하게 되어 초기의 자유 감상보다 사고가 확장되는 모습을 확인할 수 있습니다.

　"나는 조형 요소를 관점으로 감상해 봤어. 여기 얇은 선이 날카롭게 서로 엇갈리고 있는 부분이 엄청 빠르게 연주하는 소리를 표현하는 것처럼 느껴져."

　"나는 작가의 관점으로 감상하기 위해서 작품에 대한 작가의 말을 읽어 봤거든? 실제로 칸딘스키는 음악을 감상할 때의 느낌과 감상을 중요하게 생각했대. 음악을 그림으로 표현하려고 시도한 게 창의적이야."

감상 관점을 정한 후 다시 감상하고 있는 모습

교실에 주도적 코너 학습 공간을 마련하고 선택권을 주자 학생들이 배움에 더욱 진지하게 몰입하는 모습이 나타났습니다. 또한 교실이 실제 미술관과 같은 분위기가 되어 작품을 더욱 깊이 있게 감상할 수 있었습니다.

Ⅲ.
글의 흐름에 따라
읽고 써요

"선생님, 알려 주신 수업 기술 덕분에 수업 분위기가
휠씬 좋아졌어요."

"잘 활용하고 계신다니 제가 더 기쁘네요."

"그런데 선생님, 저는 발표를 잘하면 자연스럽게 읽기도
잘할 줄 알았거든요. 그런데 의외로 읽기는 여전히 어려워하는
아이들이 꽤 있어요."

"그렇죠. 말하기와 읽기는 비슷해 보이지만 달라요."

"쓰기도 마찬가지예요. 특히 고학년이 되니 읽기·쓰기를 지루해하는
학생이 많아졌어요. 책 읽기나 글쓰기를 숙제처럼 여기기도 하고요."

"그 마음 정말 이해돼요. 학생들이 읽기·쓰기를 어려워하는
가장 큰 이유는 글의 흐름을 고려하지 않기 때문이에요. 글의 흐름에 따라
읽고 쓰는 수업 기술을 몇 가지 알려 드릴게요. 색다른 읽기·쓰기
수업 기술을 적용하다 보면 학생들이 자연스럽게 읽기·쓰기를
재미있게 느끼게 된답니다."

"읽기·쓰기를 자연스럽게 즐길 수 있는 분위기로 이어진다면 너무 좋겠어요.
얼른 알려 주세요."

   교실에서 바로 꺼내 쓰는 수업 기술

16. 막대 띄어 읽기

띄어 읽을 부분을 시각적으로 확인하며 자연스럽게 읽어요.

　평소 대화는 자연스럽게 잘하지만 글을 소리 내어 읽을 때는 말이 끊기거나 어색해져 내용을 알아듣기 어려워하는 학생들이 있습니다. 이러한 차이는 부자연스러운 띄어 읽기에서 비롯되는 경우가 많습니다.

　막대 띄어 읽기는 막대를 활용해 문장에서 멈추어 읽어야 할 부분을 눈으로 확인하며 읽기를 연습하는 수업 기술입니다. 물리적인 도구를 사용해 의미 단위를 직접 짚어 보면서 읽기 때문에 띄어 읽기의 기준을 쉽게 이해하고 자연스러운 읽기로 이어집니다.

1. 띄어 읽을 부분 표시하기

발표 자료를 막대 띄어 읽기로 연습하는 장면

글을 읽고 띄어 읽기가 필요한 부분에 연필로 체크(∨) 표시를 하는 방법을 안내합니다. "이 문장을 자연스럽게 읽어 볼까요? 글자 사이가 띄어져 있다고 해서 모두 띄어 읽으면 오히려 어색합니다. 의미가 연결되는 부분은 이어 읽고 흐름이 바뀌는 부분에서만 띄어 읽어야 자연스럽게 들립니다. 특히 마침표, 물음표, 느낌표 뒤에는 길게 띄어 읽는 것이 좋아요."

2. 막대 간격만큼 띄어서 읽기

띄어 읽기 표시를 한 부분에 아이스크림 막대, 볼펜, 색연필 등을 놓고 막대 간격만큼 멈추어 읽는 연습을 합니다. 처음에는 교사가 막대를 옮겨 주며 띄어 읽는 위치를 안내하고 점차 학생이 스스로 막대를 이동하면서 연습하도록 합니다.

막대를 이용해 물리적인 간격을 시각적으로 확인하면 학
생들은 어디에서 얼마나 띄어 읽어야 할지 한결 쉽게 느끼
며 문장을 자연스럽게 읽게 됩니다.

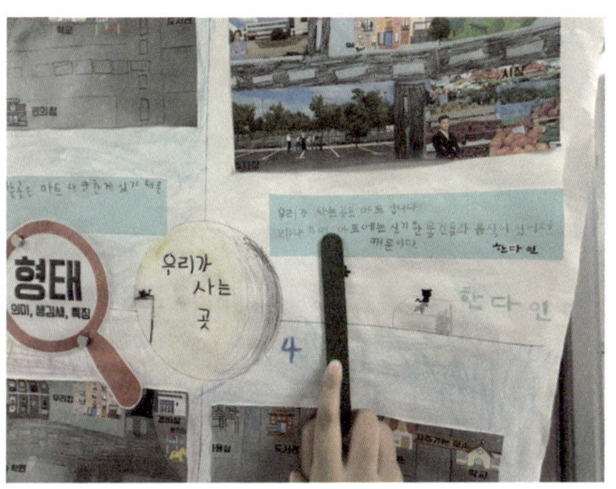

발표 자료를 막대 띄어 읽기로 연습하는 장면

한 끗 차이

☑ 띄어 읽기뿐 아니라 띄어 쓰기에도 활용할 수 있습니다.

17. 밑줄-동그라미

중심 문장과 키워드를 시각적으로 구분하며 읽어요.

학생들은 글을 읽을 때 문단의 중심 내용을 정확히 파악하지 못하거나 키워드를 무심코 지나치는 경우가 많습니다. 글의 중심 문장과 키워드를 찾지 못하면 글의 핵심 내용을 파악하기 어렵습니다.

밑줄-동그라미는 문단 안에서 중심 문장에는 밑줄, 키워드에는 동그라미를 쳐서 시각적으로 구조화된 읽기를 돕는 수업 기술입니다. 이 과정은 독해력 향상뿐 아니라 글을 구조적으로 이해하는 능력을 함께 기르는 데 효과적입니다.

1. 중심 문장에 밑줄 긋기

글을 읽고 각 문단 속에서 중심이 되는 문장을 찾아 연필로 밑줄을 긋습니다. "이 문단에서 가장 중요한 생각이 담긴 문장은 어디일까요?"와 같은 질문은 학생이 스스로 중심 문장을 찾도록 도울 수 있습니다. 교사와 함께 중심 문장을 확인하고 생각이 다른 경우 색 볼펜으로 바꿔 밑줄을 다시 그으면 차이를 확인할 수 있습니다.

2. 키워드에 동그라미 치기

글 전체에서 핵심어, 주제어, 반복되는 낱말에 동그라미 칩니다. 설명문에서는 개념어나 정보를 담은 낱말, 이야기 글에서는 인물 이름이나 감정을 나타내는 낱말이 될 수 있습니다. 중요도에 따라 색깔을 구분하면 더 효과적입니다. 예를 들어, 핵심 주제어는 빨간색, 보조 정보어는 파란색으로 표시합니다.

밑줄-동그라미로 글 읽기

3. 다양한 활동으로 확장하기

중심 문장들을 연결해 트리 맵[3]으로 정리하거나 중심 문장과 키워드를 활용해 글의 내용을 요약할 수 있습니다. 이야기 글에서는 인물의 말과 행동을 분석할 때도 사용할 수 있습니다.

한 끗 차이

✅ 교사와 함께 밑줄-동그라미를 연습한 뒤 점차 학생이 스스로 기준을 세워 밑줄과 동그라미를 구분할 수 있도록 합니다.

---

[3] 130쪽의 '트리 맵'과 함께 활용해 보세요.

수업 기술	밑줄-동그라미		
대상	초등학교 3학년	**교과**	국어
성취기준	[4국02-02] 문단과 글에서 중심 생각을 파악하고 내용을 간추린다.		
수업 목표	설명하는 글을 읽고 중요한 내용 파악하기		
수업 기술 적용 의도	설명하는 글에서 중심 문장과 키워드를 구분해 표시하여 글의 중심 생각을 파악하기 위해		

3학년 학생들과 『된장을 만드는 방법』을 읽고 중요한 내용을 파악해 보는 수업입니다. 설명하는 글은 정보가 많아 무엇이 중요한지 놓치기 쉽습니다. 이에 문단의 중심 문장과 키워드를 구분하며 읽을 수 있도록 **밑줄 - 동그라미**를 활용하였습니다.

먼저 글 전체를 읽으며 된장을 만드는 과정을 살펴보았습니다. 이어서 제목을 확인하며 무엇이 중요한지를 생각해보았습니다.

"이 글의 제목은 무엇인가요?"
"된장을 만드는 방법이요."
"그렇다면 이 글에서 어떤 내용이 중요할까요?"

“된장 만드는 구체적인 방법을 설명하는 부분이 중요합니다.”

“문단별로 글을 읽고 중심 문장을 찾아 연필로 밑줄을 그어 봅시다. 왜 그 문장이 중심 문장이라고 생각했는지도 모둠 친구들과 함께 이야기 나누어 보세요.”

중심 문장을 찾은 뒤에는 키워드를 찾아보았습니다. 메주, 된장, 방법, 발효, 관리처럼 ‘된장을 만드는 방법’을 이해하는 데 꼭 필요한 낱말이나 반복되는 낱말을 골라 표시했습니다. 반 친구들과 이야기를 나누며 낱말의 중요도에 따라 색을 달리해 보았습니다.

된장을 만드는 데 가장 중요하다고 생각한 ‘메주’는 빨간색 동그라미로 표시했고 된장이 완성되는 과정에서 필요한 ‘발효’는 파란색 동그라미로 표시했습니다. 이렇게 색을 나누어 표시하니 낱말의 역할과 중요도가 더 분명하게 드러났습니다.

밑줄-동그라미로 '된장을 만드는 방법' 읽기

밑줄과 동그라미 표시가 끝난 뒤에는 표시한 내용을 다시 살펴보았습니다. 밑줄을 그은 문장만 이어 읽으며 문단의 핵심을 정리했습니다. 동그라미 친 낱말을 중심으로 된장을 만드는 방법과 관리 과정도 다시 확인했습니다. 글을 처음부터 다시 읽지 않아도 중요한 내용이 한눈에 정리되었습니다.

밑줄-동그라미를 활용하여 설명하는 글 속 중요한 내용을 파악해 보았습니다. 중심 문장에는 밑줄을 긋고 키워드에는 동그라미를 치며 읽으니 글의 핵심이 또렷하게 보였습니다.

18. 체인지 포인트 리딩

글의 변화 지점을 찾아 읽어요.

긴 문학 작품은 시간과 장소가 자주 변하며 이야기가 전개되는 경우가 많습니다. 만약 변화 지점을 인식하지 않고 글을 처음부터 끝까지 읽는다면 글에 대한 이해도가 떨어질 수 있습니다.

체인지 포인트 리딩은 글 속 변화 지점(시간, 장소, 인물 등)을 표시하고 구간별로 돌아가며 읽는 수업 기술입니다. 변화 지점을 파악하면 사건의 전개가 명확해져 이야기 흐름을 잘 이해할 수 있습니다. 또한 글을 나누어 돌아가며 읽는 방식은 많은 학생에게 읽기 기회를 부여합니다.

1. 각자 읽고 함께 기준 정하기

먼저 글 전체를 가볍게 훑어 읽습니다. 전체 내용을 한 번 읽어두면 이후 글을 나누어 읽을 기준을 떠올리기 쉽습니다. 글을 나눌 기준을 함께 정할 때 아래와 같은 기준을 사용할 수 있습니다.

변화 기준	예시
시간	다음 날, 겨울, 아침
장소	학교 운동장, 집 앞
인물	등장인물들의 대화(큰따옴표)
사건 전환	그때, 그 순간, 하지만

체인지 포인트 리딩 변화 기준과 예시

2. 변화 지점 표시하기

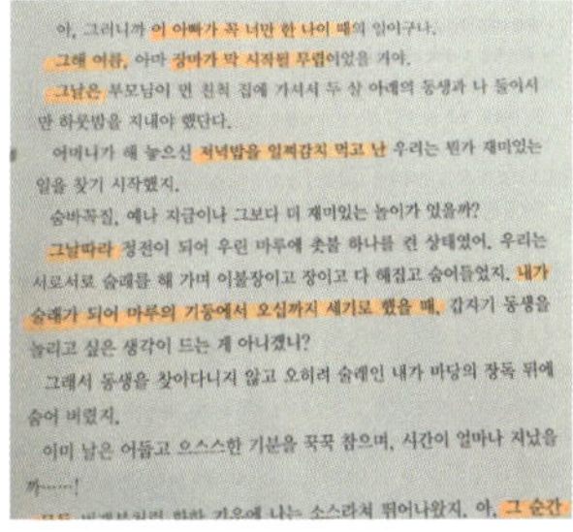

송재찬 외, 『열두 사람의 아주 특별한
동화』 수록 「마지막 숨바꼭질」 일부

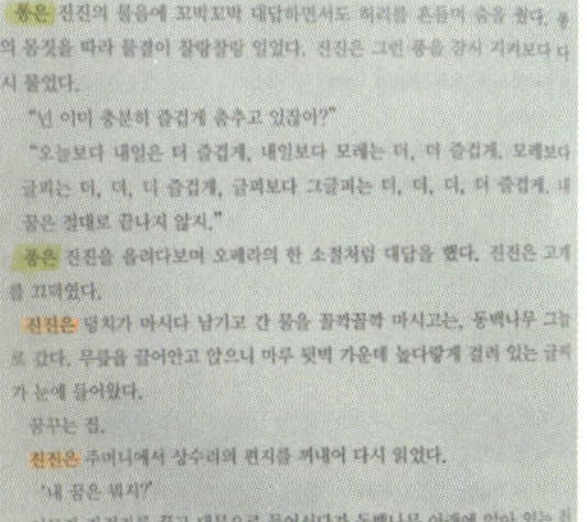

정옥, 『이모의 꿈꾸는 집』 일부

결정한 기준에 따라 글을 다시 훑어보며 나누어 읽을 지점을 표시합니다. 2개 이상의 기준을 활용하는 경우 색을 구분해 표시할 수 있습니다. "시간 변화가 드러나는 지점은 어디인가요?", "아빠가 너만 한 나이 때, 그 해 여름, 장마

무렵입니다."

3. 돌아가며 글 읽기

표시한 변화 지점에 따라 한 명씩 돌아가며 글을 소리 내어 읽습니다. 각자 맡은 구간을 책임지고 읽기 때문에 모든 학생에게 읽기 기회가 고르게 주어집니다. 변화 지점마다 읽는 사람이 바뀌므로 이야기가 전환되는 흐름이 자연스럽게 드러납니다. 또한 이야기가 어떻게 이어지고 전개되는지 구조적으로 이해하게 되고 긴 글도 부담 없이 나누어 읽으며 핵심을 파악할 수 있습니다.

한 끗 차이

☑ 짝·모둠 내에서 기준을 정해 표시하고 돌아가며 읽도록 운영할 수 있습니다.

수업 기술	체인지 포인트 리딩		
대상	초등학교 6학년	**교과**	국어
성취기준	[6국02-01] 글의 구조를 고려하며 주제나 주장을 파악하고 글 내용을 요약한다.		
수업 목표	이야기를 읽고 글 요약하기		
적용 의도	글의 변화 지점을 표시하여 읽고 중심 내용을 파악 하도록 하기 위해		

이 수업은 6학년 학생들과 『우주호텔』을 읽고 내용을 요약해 보고자 구성했습니다. 글 내용을 요약하기 전 먼저 글 전체를 살펴보고 중요한 지점을 찾아 나누어 읽어 보며 이해한 내용을 자신의 언어로 정리하기 위해 **체인지 포인트 리딩**을 활용했습니다.

먼저 글 전체를 훑어 읽으며 이야기의 흐름을 느끼도록 했습니다.

"이야기 속의 변화 지점을 파악하며 글을 읽으면 내용을 잘 파악할 수 있고 이를 바탕으로 글을 요약할 수 있어요. 글 속에서 어떤 기준으로 변화 지점을 찾을 수 있을까요?"

"장면이 바뀌어요."

"장면이 바뀐다는 것은 어떤 것이 변화한 것일까요?"

"시간이 바뀌어요."

"장소가 달라져요."

"인물의 생각이나 태도가 달라지기도 해요."

학생들은 시간, 공간, 인물 등과 같은 기준에 따라 변화 지점을 색깔로 표시했습니다. 이후 표시한 변화 지점을 기준으로 한 사람씩 돌아가며 글을 소리 내어 읽었습니다.

체인지 포인트 리딩으로 '우주 호텔' 읽기

"변화 지점을 생각하며 읽으니 어떤가요?"

"이야기 내용이 더 잘 이해돼요."

"이야기에서 중요한 부분을 찾을 수 있어요."

체인지 포인트 리딩으로 글을 다시 읽은 후 내용을 요약했습니다.

"저는 종이 할머니의 생각 변화에 따라 이야기를 요약했

 교실에서 바로 꺼내 쓰는 수업 기술

습니다. 종이 할머니는 자신의 빈 상자를 뺏기는 게 싫어서 다른 할머니를 밀었지만 메이가 그린 그림을 보고 어릴 적 꿈을 떠올렸습니다. 그리고 지금 사는 곳을 우주호텔로 생각하고 그 할머니와 잘 지내게 되었습니다."

체인지 포인트 리딩의 핵심은 이야기의 흐름을 분명하게 파악하는 데 있습니다. 변화 지점에 주목하면 사건이 언제 어디서 어떻게 이어지는지 자연스럽게 정리되며 학생들은 글의 전개를 놓치지 않고 내용을 깊이 있게 이해할 수 있습니다.

19. 이야기 이어달리기

생각을 이어 붙이며 책을 함께 읽어요.

   책은 기본적으로 한 사람이 혼자 읽는 물리적 자료이기 때문에 동시에 읽으며 생각을 나누기에는 어려움이 있습니다. 이로 인해 각자의 감상과 생각이 서로 연결되지 못한 채 흩어지기 쉽습니다.

   이야기 이어달리기는 책을 읽으며 떠오른 생각을 포스트잇에 남기고 다음에 책을 읽은 학생이 자신의 생각을 덧붙이는 수업 기술입니다. 혼자 읽었지만 결국은 다양한 생각을 공유하며 책을 함께 읽는 경험으로 나아가게 됩니다.

1. 책 읽으며 생각 남기기

   책을 읽고 인상 깊은 장면, 떠오르는 질문, 관련 경험, 감상 등을 자유롭게 포스트잇에 씁니다. 자신의 이름은 포스트잇 아래에 작게 쓰고 다음 친구의 독서를 방해하지 않는 위치에 붙입니다.

2. 생각 이어 붙이기

다음에 책을 읽는 학생은 이전 친구의 생각을 함께 읽으며 책을 접합니다. 친구의 질문에 자신의 답을 적거나 새로운 포스트잇에 생각과 느낌을 덧붙일 수 있습니다. 시간이 흐를수록 한 권의 책에 기록이 쌓이고 학생들은 서로의 관점을 자연스럽게 공유하게 됩니다.

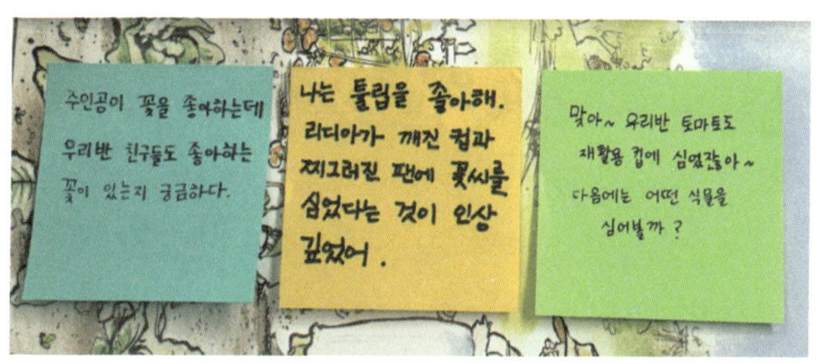

책을 읽고 난 후 친구의 질문에 자신의 생각과 또 다른 질문을 기록한 모습

3. 학습 주제와 연결하기

"이 책에서 반복해서 등장한 생각이나 장면은 무엇인가요?", "여러 친구의 포스트잇을 살펴보면 이 책이 전하려는 중심 생각은 무엇이라고 볼 수 있을까요?"와 같은 질문으로 이어 붙인 생각들을 함께 정리합니다. 친구들의 기록을 서로 비교하며 개인의 감상이 어떻게 공통의 의미로 연결되는지를 경험하게 됩니다.

　책에 남겨진 다양한 감상과 질문을 모아 살펴보며 작품이 다루고 있는 핵심 주제에 초점을 맞춥니다. 개인의 생각을 묶어 정리하는 과정에서 읽기 활동은 학습 주제로 연결되고 학생의 생각이 수업의 중심 자료로 활용됩니다.

한 끗 차이

☑ 포스트잇 색깔로 내용을 구분하여 운영할 수 있습니다. (질문은 노란색, 생각과 느낌은 파란색 등)

▶ **수업 스케치**

수업 기술	이야기 이어달리기		
대상	초등학교 4학년	**교과**	도덕
성취기준	[4도04-01] 생명 경시 사례를 조사하고 문제 해결 방법을 탐구함으로써 생명의 소중함을 이해한다.		
수업 목표	생활 주변의 생명 경시 사례 발견하기		
수업 기술 적용 의도	수업 전 관련 도서를 자유롭게 읽고 수업 시간에 생각을 깊이 있게 공유하기 위해		

4학년 학생들과 생명 존중 프로젝트를 시작하기 전 관련 도서를 읽고 주제에 대한 이해를 넓히고자 구성한 수업입니다. **이야기 이어달리기**를 활용하여 읽은 여러 도서 중 그림책 『63일』을 학급 전체가 함께 읽고 질문에 대한 생각을 나누어 보았습니다.

"아침 시간과 쉬는 시간을 활용해서 프로젝트 관련 도서들을 이야기 이어달리기로 읽어 봤는데 어떤 책이 인상 깊었나요?"

"저는 『63일』과 『우리 여기 있어요 동물원』이 기억에 남아요."

"저는 『긴긴밤』이 너무 슬펐어요."

"지금까지 우리가 이야기 이어달리기로 책을 각자 읽으며 생각을 모았다면 오늘은 『63일』을 같이 읽으며 그동안 모인 질문에 대해 함께 고민해 봅시다.”

“많은 친구가 표지를 보고 ‘왜 63일일까?’, ‘표지 그림 속 공장에 있는 강아지들이 진짜 강아지일까 인형일까?’라고 질문했네요. 표지를 다시 살펴봅시다.”

책 표지를 살펴보는 모습

이야기 이어달리기를 통해 각 장면에 붙인 학생들의 포스트잇을 살펴보며 이야기를 함께 나누었습니다.

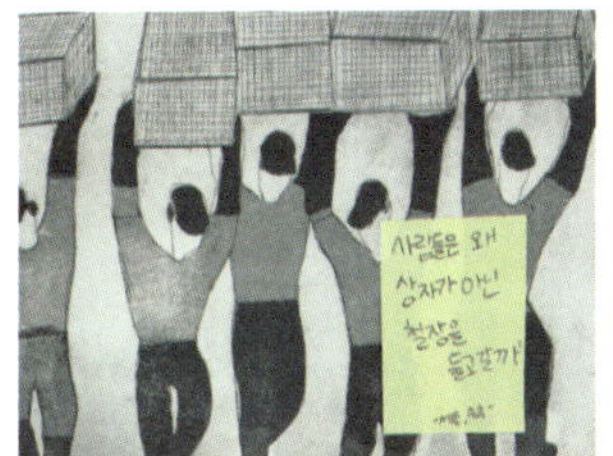

책을 읽고 학생들이 남긴 생각 기록

"공장에서 왜 상자가 아닌 철장을 들고 갈까?"

"진짜 강아지라면 상자는 망가뜨릴 수 있어서 그런 것 같아요."

"왜 강아지에게 번호를 매겼을까?"

"경매해서 불량품이 있으면 번호로 반품하는 것처럼 강아지를 물건으로 생각하고 있어요."

이번 수업에서는 이야기 이어달리기로 쌓인 생각을 함께 공유하며 생명 경시 사례를 알아보고 프로젝트 주제에 대한 문제의식을 가질 수 있었습니다.

20. 역할 돋보기

역할에 따라 읽기 관점을 설정하고 글을 읽어요.

읽기는 단순히 글자를 따라 읽는 것이 아니라 내용을 이해하는 과정입니다. 관점을 정해 글을 읽으면 표면적인 이해에 머무르지 않고 글에 담긴 의미를 깊이 파악할 수 있습니다.

역할 돋보기[4)]는 특정 역할을 정해 그 역할의 관점에서 글을 읽는 수업 기술입니다. 관점을 분명하게 인식하며 글을 읽으면 단순히 정보를 확인하는 수준에서 생각하며 읽기로 확장됩니다.

---

4) 이 수업 기술은 이성영(Seong Young Lee). "초등 읽기 지도의 한 방안: "처럼읽기"를 중심으로." 독서연구 0.23 (2010): 229–256.를 토대로 구성하였습니다.

1. 역할 및 관점 안내하기

역할 예시	읽기 관점
대변인	글쓴이의 생각을 자기 말로 이해하며 읽기
탐정	낱말의 의미와 글쓴이의 의도를 추론하며 읽기
배우	등장인물의 감정 변화를 느끼며 읽기
작가	다음 내용을 상상하며 읽기, 바꾸고 싶은 부분을 생각하며 읽기

역할별 읽기 관점 예시

　　글의 종류에 따라 역할을 다르게 선택하면 읽기의 초점이 분명해집니다. 설명문이나 논설문에서는 글쓴이의 주장과 근거를 파악하기 위해 '대변인'이나 '탐정' 역할이 적합합니다. 이야기 글에서는 인물의 감정이나 사건의 전개를 이해하는 데 도움이 되는 '배우'나 '작가' 역할이 효과적입니다. "오늘은 역할 돋보기로 글을 읽어 볼 거예요. 여러 가지 역할 중 작가의 관점으로 글을 읽어 봅시다.『수일이와 수일이』작품을 읽으면서 어떤 사건이 일어나는지 파악하고 다음에 이어질 내용을 상상해 보세요."

2. 역할 돋보기로 읽기

　　"작가의 관점에서 글을 읽으면서 중요하다고 생각하는 부분에 밑줄을 그으세요." 읽기 과정에 역할을 부여하면 읽기 방향이 생겨 글을 스스로 생각하며 읽을 수 있습니다.

"작가처럼 글을 읽어보니 다음에 어떤 이야기가 이어질 것 같나요?", "지금까지 엄마가 수일이의 말을 믿지 않았는데 다음 장면에서 수일이가 가짜 수일이를 만드는 데 성공할 것 같아요." 주어진 역할의 관점에서 글을 읽으며 든 생각, 중요하다고 생각하는 부분, 글의 주제를 어떻게 이해했는지 등을 모둠이나 학급 전체에서 공유합니다.

한 끗 차이

- ☑ 하나의 글을 여러 역할로 나누어 읽고 관점에 따른 이해를 비교해 볼 수도 있습니다.
- ☑ 역할 돋보기 활동을 처음부터 끝까지 유지하지 말고 글의 일부 구간에서만 적용해 보세요. 예를 들어 도입부는 역할 없이 읽고 갈등이 드러나는 부분에서만 '배우'나 '탐정' 역할을 적용하면 학생들이 역할의 필요성과 효과를 더 분명하게 느낄 수 있습니다.

21. 낭독극

인물의 감정에 몰입하여 작품을 읽어요.

문학 작품을 읽을 때 등장인물의 상황과 감정을 고려하지 않으면 이야기 속 갈등이나 인물 간의 관계를 제대로 파악하기 어렵습니다.

낭독극은 학생들이 작품 속 등장인물의 감정과 말투를 살려 읽고 표현하는 수업 기술입니다. 주어진 역할의 감정 표현을 통해 인물에 대한 이해를 높일 수 있습니다.

1. 낭독극 역할 정하기

"낭독극은 일반적인 연극과는 다르게 대사를 외우지 않고 동작 없이 책을 들고 인물의 감정을 살려 읽는 연극이에요. 『목 짧은 기린 지피』를 낭독극으로 읽어 봅시다. 등장인물은 지피, 미야, 밀렵꾼, 다른 기린들이에요. 모둠에서 각자 역할을 정해 보세요." 교사는 수업 전 미리 등장인물을 파악해 학생들에게 알려 줍니다.

2. 훑어 읽기로 내용 파악하기

역할을 정한 뒤 글을 가볍게 읽으며 글의 전체 흐름과 자신의 차례를 확인합니다. 저학년의 경우, 글 전체를 함께 읽으며 자신의 차례에서 흐름을 놓치지 않도록 각자 맡은 부분에 미리 색깔 펜 등으로 표시하는 것도 좋습니다.

이때 인물의 감정이 드러나는 낱말이나 문장에 밑줄을 긋거나 표시하게 하면 이후 낭독극에서 어떤 감정으로 읽어야 할지 기준을 세울 수 있습니다. 감정이 바뀌는 장면을 함께 짚어 보는 과정은 인물의 마음을 이해하는 데 도움을 줍니다.

3. 낭독극하기

역할을 분담하여 낭독극을 하는 장면

목소리는 모둠 친구들 모두에게 잘 들릴 정도로 하고 인물의 감정과 상황이 느껴지도록 실감 나게 읽습니다. 이후 모둠별로 낭독극에 대한 피드백을 주고받습니다. "'너는 목이 짧아서 싫어, 저리 가!'에서 지피를 싫어하는 감정이 드러나도록 목소리를 크게 내는 게 좋을 것 같아.", "천천히 따뜻한 목소리로 읽어서 지피 엄마의 위로가 잘 느껴졌어." 이러한 피드백 과정을 통해 학생들은 자신의 낭독을 돌아보고 인물의 감정과 상황을 더 정확하게 표현하는 방법을 익히게 됩니다.

한 끗 차이

- 해설 등 분량이 많은 역할은 여러 학생이 나누어 맡도록 조정합니다.
- 역할을 새로 지정하여 여러 번 낭독극을 하는 것도 좋습니다. 학생들은 다양한 인물의 역할을 경험하며 해당 인물에 대한 이해를 높일 수 있습니다. 꼭 해 보고 싶은 역할을 놓친 학생들에게 새로운 기회도 줄 수 있습니다.

22. 말풍선 불어넣기

이야기 속 삽화를 말풍선으로 채우며 이해를 높여요.

　많은 학생이 만화책은 즐겨 읽지만 이야기 글은 어렵게 느낍니다. 만화책은 그림과 말풍선이 함께 제시되어 인물의 말과 생각이나 상황을 한눈에 파악할 수 있는 반면 이야기 글은 글만으로 장면을 상상해야 하기 때문입니다.

　말풍선 불어넣기는 교과서나 그림책 속 삽화에 만화책처럼 말풍선을 넣어 인물의 생각과 말을 표현하는 수업 기술입니다. 학생들은 삽화 속 인물의 표정, 동작, 배경을 보며 숨은 이야기를 발견하고 장면 속 인물의 마음을 추론하면서 이야기를 깊이 이해할 수 있습니다. 말풍선 불어넣기는 읽기 전, 중, 후 단계 중 수업 상황에 맞추어 선택적으로 사용할 수 있습니다.

1. 읽기 전 단계에 사용할 경우

　상상 말풍선 채우기로 사용할 수 있습니다. 먼저 삽화 부분만 학생들에게 나누어 줍니다. "이 인물은 어떤 생각을 하고 있을까요?", "이 장면에서 어떤 일이 벌어질까요?"와 같은 질문을 던지며 삽화만 보고 말풍선을 채워 나가면서 이야기에 대한 흥미를 높이고 상상의 재미를 경험할 수 있습니다.

2. 읽기 중 단계에 사용할 경우

말풍선 이야기 만들기로 사용할 수 있습니다. 글을 읽으며 등장인물의 말을 말풍선으로 불어넣습니다. 인물의 감정은 말풍선 옆에 '기쁨', '화남' 등으로 쓸 수 있습니다. 인물의 행동과 상황을 바탕으로 적절한 대화를 만들어 넣으면서 이야기의 흐름과 감정 변화를 보다 잘 이해하게 됩니다.

3. 읽기 후 단계에 사용할 경우

이해를 확인하는 목적으로 사용할 수 있습니다. 글을 읽은 뒤 이해한 내용에 따라 삽화에 말풍선을 채웁니다. 말풍선 내용을 발표하는 과정에서 이야기의 흐름을 얼마나 이해하고 있는지 확인하고 피드백을 제공할 수 있습니다.

김유경, 「욕심쟁이 딸기 아저씨」 일부

한 끗 차이

☑ 삽화별로 말풍선 개수를 1∼2개로 제한하면 중요한 내용을 선별하여
작성할 수 있습니다.

23. 콜라보 라이팅

짝과 한 문장씩 번갈아 쓰며 필요한 부분을 채워요.

글을 쓰고 싶어도 머릿속 생각을 문장으로 옮기지 못해 시작을 어려워하는 학생이 있습니다. 반대로 글은 빠르게 써 내려가지만 내용을 논리적으로 정교화 하는 데 어려움을 겪는 학생도 있습니다.

콜라보 라이팅[5]은 글쓰기 수준이 다른 학생이 짝이 되어 의견을 주고받으며 한 문장씩 번갈아 글을 쓰는 수업 기술입니다. 쓰기 부담감이 있는 학생은 짝의 도움으로 글쓰기 자신감을 가지고, 쓰기에 익숙한 학생은 친구와의 상호작용 과정에서 자신의 사고를 점검하며 글을 정교화하는 능력을 기릅니다.

---

5) 이 수업 기술은 배성미. "'협력하여 쓰기' 교수가 초등학교 쓰기장애 학생의 쓰기 표현력에 미치는 영향." 국내석사학위논문 이화여자대학교 교육대학원, 2000. 서울.을 토대로 구성하였습니다.

1. 글 쓰기 전 의논하기

"각자 선택한 환경의 특징을 조사해 보았습니다. 이제 조사한 내용을 바탕으로 각 환경의 특징을 소개하는 글을 써 봅시다. 선택한 환경이 같은 친구들끼리 짝을 지어 함께 협력하여 글을 써 볼 겁니다. 그럼 어떤 장점이 있을까요?" "내용이 좀 더 풍부해져요.", "말로 이야기해보고 쓰면 훨씬 쓰기가 쉬워요." 학생들은 자리에서 일어나 같은 환경을 선택한 친구와 짝을 만듭니다. 짝은 기본적으로 2인 1조로 구성하며 글쓰기에 어려움이 있는 학생의 참여를 지원하기 위해 3인 1조도 허용합니다.

학급의 모든 학생들이 짝을 지으면 다음과 같이 안내합니다. "선택한 환경의 특징을 효과적으로 전달할 수 있도록 글의 처음–중간–끝에 어떤 내용을 담을지 짝과 의논해 보세요." 글쓰기에 앞서 짝과 이야기를 나누며 글의 전체적인 방향을 결정합니다. 이때 교사는 한 학생의 의견이 일방적으로 반영되지 않도록 의견을 주고받는 과정이 있는지 살펴봅니다.

2. 번갈아 가며 쓰기

"순서를 정해 글을 써 봅시다. 한 사람이 문장을 쓰면 다음 사람은 앞 문장을 읽고 이어서 다음 문장을 씁니다. 단,

이어 쓰기 전에는 간단히 말로 의견을 나눕니다." 짝과 지속적으로 말과 글로 상호작용하며 앞뒤 문장의 연결을 고려해 글의 내용을 정교화합니다.

콜라보 라이팅으로 환경에 대한 궁금증 및 특징 정리하기

3. 함께 읽고 고쳐 쓰기

완성된 글을 함께 읽으며 고쳐 씁니다. "글의 흐름과 맞춤법, 띄어쓰기, 문장 부호도 함께 점검하세요." 짝과 주고받는 피드백을 통해 내용과 형식을 함께 점검하고 고쳐쓰기가 글쓰기의 완성도를 높이는 가장 중요한 과정임을 경험합니다.

한 끗 차이

- ✔ 이어 쓸 때 '왜냐하면', '그래서', '예를 들어'와 같은 이어 주는 말을 사용하도록 하면 글의 의미가 자연스럽게 확장됩니다.
- ✔ 짝은 같은 주제를 선택한 학생들이 자유롭게 구성합니다. 필요에 따라 좌석을 기준으로 짝을 정하고 동일한 주제를 선택하도록 안내할 수 있습니다.

IV.
씽킹 맵으로 생각을 구조화해요

"선생님, 아이들이 말은 잘하는데 글을 써 보라고 하면 다들 어려워해요. '무슨 말을 어떻게 써야 할지 모르겠다'면서요."

"그 장면 익숙하네요. 말로는 떠오르는 대로 이야기할 수 있지만 글로 쓰려면 생각을 정리할 구조가 필요합니다. 지금은 생각이 머릿속에 흩어져 있어서 그렇게 보이는 거예요."

"글의 구조를 어떻게 가르쳐야 할까요?"

"씽킹 맵을 사용하면 도움이 돼요."

"씽킹 맵이요?"

"네, 씽킹 맵은 생각을 구조화하는 도구예요. 우리가 생각할 때 사용하는 공통된 사고 패턴을 8개의 맵 형태로 조직화해 놓은 거죠."

"생각을 먼저 구조화한 다음에 글을 쓰게 하는 거군요."

"맞아요. 비교하는지 원인과 결과를 따지는지 설명하는지에 따라 사용하는 씽킹 맵이 달라요. 그 구조가 머릿속에 자리 잡히면 말을 글로 옮기는 걸 훨씬 쉽게 할 수 있어요."

"정말 괜찮은 방법이네요."

"그렇죠? 씽킹 맵은 학생들의 생각을 글로 이어 주는 다리 역할을 해요. 생각을 눈에 보이게 구조화해 주니까요. 제가 씽킹 맵에 대해 좀 더 자세히 소개해 드릴게요."

씽킹 맵,
생각을 가르치기 위한 사고 언어

　미국의 교육자 데이비드 하이엘(David Hyerle, 이하 하이엘)은 어느 날 학교 현장의 글쓰기를 지도하던 과정에서 한 가지 공통된 장면에 주목했습니다. 학생들이 말로는 많은 생각을 쏟아 내지만 막상 글쓰기를 시작하면 글의 구조를 제대로 잡지 못한다는 것이었습니다. 씽킹 맵(Thinking Maps)[6]은 바로 이러한 문제의식에서 출발한 도구였습니다.

　하이엘은 학생들이 아이디어를 논리적으로 조직하기 어려워한다는 점을 단순히 학생 개인의 역량 부족으로 보지 않았습니다. 오히려 글쓰기 지도와 사고력 교육이 분리된 교육 현실 자체를 문제로 인식했습니다. 학생들에게 글을 쓰게 하면서도 그 글을 떠받치는 사고의 구조는 충분히 가

---

[6] 하이엘은 1988년 그의 저서 『Expand Your Thinking』에서 처음 씽킹 맵을 제시했습니다.

르치지 않고 있다는 점에 주목한 것입니다. 이 지점에서 하이엘은 근본적인 질문을 던집니다.

"과연 생각하는 법은 가르칠 수 없는 것인가?"

이에 대해 그가 찾은 대답은 사고는 가르칠 수 있고 또한 가르쳐야 한다는 것입니다. 또한 그 방식은 추상적인 훈계나 설명이 아니라 학생이 자신의 사고 과정을 직접 보고 조작하며 반복할 수 있는 형태여야 한다는 것이었습니다.

하이엘은 수업과 토론, 글쓰기와 문제 해결 장면을 면밀히 분석하면서 인간의 사고가 무작위로 이루어지는 것이 아니라는 점에 주목했습니다. 그는 교육 현장에서 반복적으로 나타나는 사고방식을 정리한 끝에 정의하기, 묘사하기, 비교하기, 분류하기, 부분과 전체 파악하기, 순서 정하기, 원인과 결과 분석하기, 유추하기라는 여덟 가지 핵심 사고 기능으로 인간의 사고가 수렴된다는 결론에 이르렀습니다. 그리고 이 사고 기능들을 각각 시각적 구조로 구현한 것이 바로 씽킹 맵 8가지입니다.

하이엘이 씽킹 맵을 '공통의 시각적 언어(common visual

language)'라고 부른 이유도 여기에 있습니다. 학년과 교과, 교사가 달라지더라도 동일한 사고 구조를 동일한 형태로 표현할 수 있기 때문입니다.

우리는 여전히 수업에서 학생들에게 생각해 보라고 말하지만 정작 어떻게 생각해야 하는지는 구체적으로 가르치지 않는 경우가 많습니다. 씽킹 맵은 바로 이 질문에 대한 하나의 실천적 대답이라 할 수 있습니다. 생각을 눈에 보이게 만들고 사고를 훈련 가능한 대상으로 끌어올린 점에서 씽킹 맵은 단순한 교수 기법을 넘어 사고 교육에 대한 하나의 제안으로 이해할 수 있습니다.

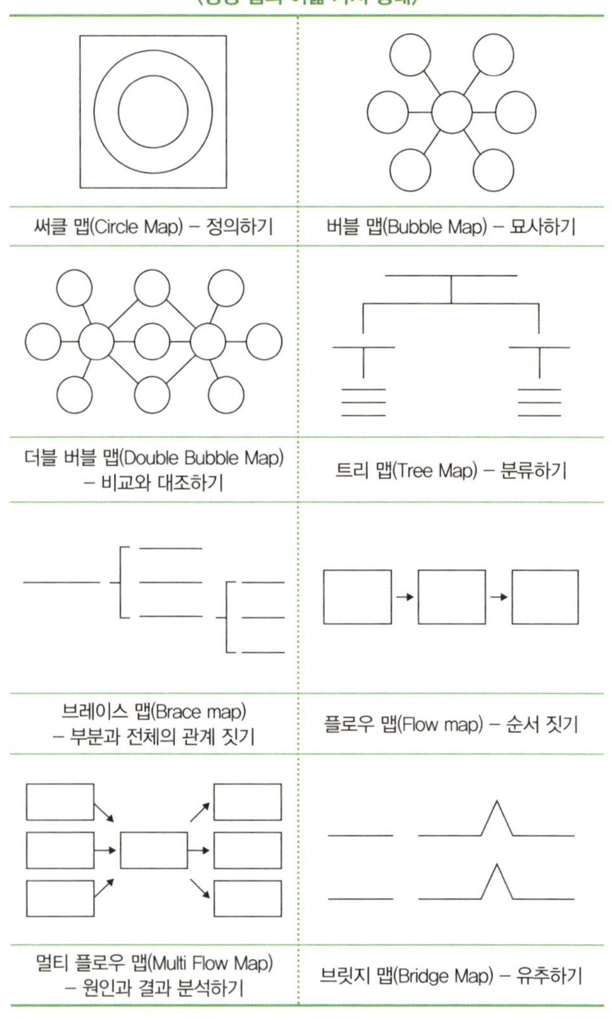

〈씽킹 맵의 여덟 가지 형태〉
써클 맵(Circle Map) – 정의하기
버블 맵(Bubble Map) – 묘사하기
더블 버블 맵(Double Bubble Map) – 비교와 대조하기
트리 맵(Tree Map) – 분류하기
브레이스 맵(Brace map) – 부분과 전체의 관계 짓기
플로우 맵(Flow map) – 순서 짓기
멀티 플로우 맵(Multi Flow Map) – 원인과 결과 분석하기
브릿지 맵(Bridge Map) – 유추하기

24. 써클 맵

사전에 수업을 충분히 계획했음에도 불구하고 실제 수업이 기대와 다르게 흘러가곤 합니다. 이는 학생들의 사전 지식을 미리 확인하지 못했기 때문인 경우가 많습니다. 단원의 도입 단계에서 학생들의 배경지식, 즉 출발점을 확인하는 것은 수업의 방향을 결정하는 중요한 근거가 됩니다.

써클 맵(Circle Map)은 하나의 개념이나 주제에 대해 이미 알고 있는 정보를 떠올려 시각적으로 정리하는 씽킹 맵입니다. '학생들이 학습 주제에 대해 무엇을, 얼마나 알고 있을까?'를 파악할 때 유용하게 활용됩니다.

1. 써클 맵의 구조 이해하기

써클 맵은 세 부분으로 나누어집니다. 가운데 중심 원은 학생들의 사고가 출발하는 지점으로 수업의 주제나 개념을 씁니다. 중심 원을 둘러싼 바깥 원에는 해당 주제에 대해 학생이 이미 알고 있는 경험, 정보를 자유롭게 적습니다. 이 단계에서는 정답 여부를 따지기보다는 배경지식과 생각을 최대한 끌어내는 것이 중요합니다. 바깥 사각형의 네 귀퉁이에는 그 정보의 출처를 적습니다. 교과서, 수업 활동, 책, 영상 등 출처를 구분해 적어 보며 자신의 생각이 어디에서 비롯되었는지를 돌아보게 됩니다.

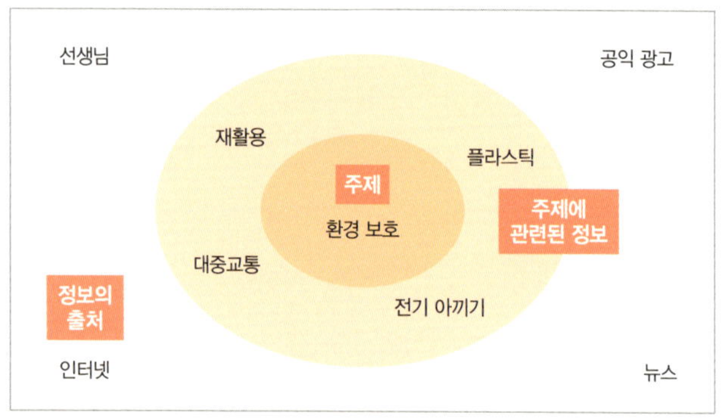

써클 맵의 구조

2. 써클 맵으로 정리하기

"나는 어떤 사람들과 함께 살아가고 있나요? 나와 관련된 사람들을 써클 맵으로 정리해 봅시다." 중심 원에는 주제를, 바깥 원에는 자신과 연결된 사람들을 적습니다.

"바깥 사각형에는 그 정보를 어디서 알게 되었는지 출처

를 씁니다. 부모님의 도움을 받았다면 '부모님', 사진첩을
참고했다면 '사진'도 출처가 될 수 있습니다."

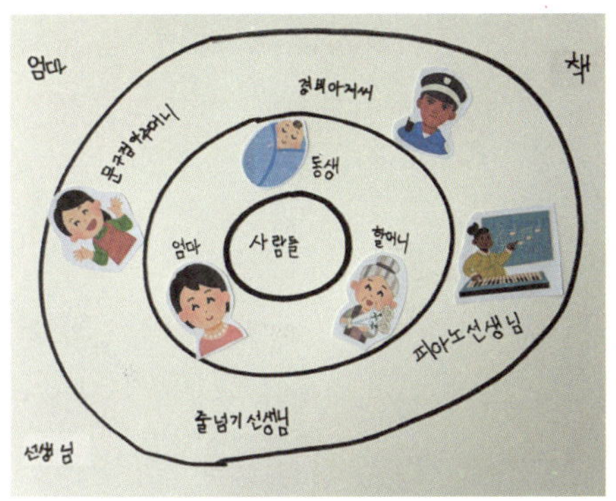

나와 관련된 사람들을 써클 맵으로 정리하기

써클 맵 학습지

한 끗 차이

✔ 써클 맵과 생각 그물(마인드 맵)은 모두 생각을 시각화하는 도구지만
목적과 활용 시기가 다릅니다. 써클 맵은 학습을 시작하기 전 초기
탐색, 생각 그물은 학습한 개념의 정리를 위해 활용합니다.

25. 버블 맵

대상의 속성을 형용사로 묘사하며 이해해요.

개념이나 주제를 도입하는 과정에서 사전 지식을 확인하면 학생들은 대체로 관련 사례나 구체적 사실을 먼저 떠올립니다. 이에 따라 개념의 본질과 의미를 탐구하도록 돕는 새로운 접근 방식이 필요합니다.

버블 맵(Bubble Map)은 대상에 대해 형용사를 중심으로 묘사하는 씽킹 맵입니다. 이 과정은 학생들이 사실적 정보의 나열을 넘어 개념이나 주제의 핵심 속성을 중심으로 자신의 관점에서 비판적으로 분석하고 의미 있는 입장을 형성하도록 돕습니다.

1. 버블 맵의 구조 이해하기

"버블 맵은 중앙의 원을 중심으로 여러 개의 작은 원이 거품처럼 연결된 형태입니다. 가운데에는 대상(주제, 개념)을 쓰고 주변에는 대상의 속성과 특징을 기록합니다. 단순히 연상되는 낱말을 쓰는 것이 아니라 대상의 본질을 드러낼 수 있는 형용사 형태로 쓰는 것이 중요합니다.”

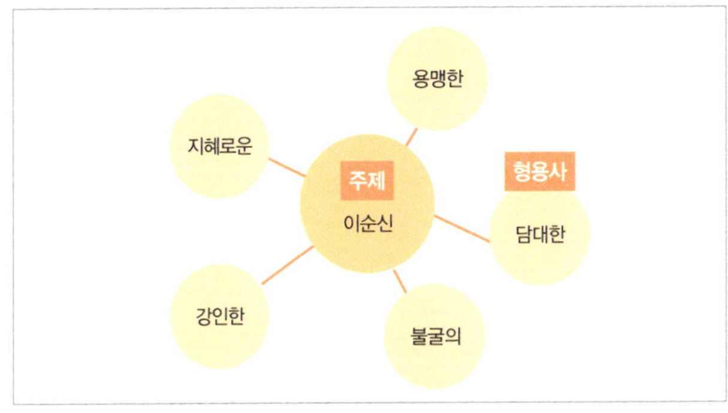

버블 맵의 구조

2. 버블 맵으로 정리하기

“‘우정’을 버블 맵으로 표현해 봅시다. ‘우정’은 어떤 특징을 가지고 있을까요? ‘~한 우정’, ‘~하는 우정’처럼 형용사로 적습니다.” 완성한 버블 맵을 바탕으로 대상에 대한 나만의 정의를 한 문장으로 정리합니다.

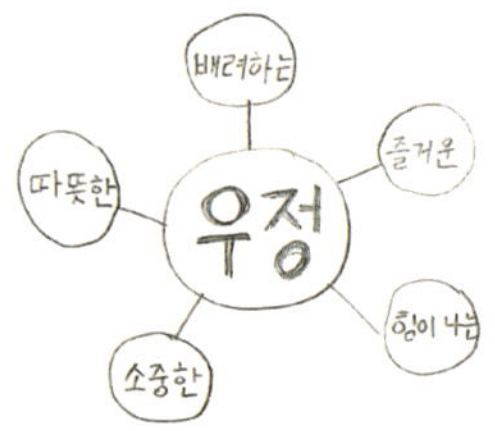

우정이란, 서로를 배려하는 따뜻한 마음으로 함께
즐거운 시간을 나누고, 힘들 때 힘이 되어주는 소중한 친구 사이

'우정'을 버블 맵으로 나타내기

버블 맵 학습지

한 끗 차이

- ✔ 버블 맵을 완성한 뒤 작성한 내용을 친구들에게 설명하는 과정을 통해 대상에 대한 이해를 높일 수 있습니다.
- ✔ 버블 맵을 작성하기 전 다양한 형용사 낱말을 살펴본다면 더욱 풍부한 생각으로 버블 맵을 작성할 수 있습니다.
- ✔ 속성이나 특징을 찾기 전에 예시를 충분히 탐색하는 과정이 선행되어야 합니다. 프레이어 모델[7]을 활용해 예시와 비예시를 먼저 살펴본 뒤, 그 공통점과 구별되는 점을 바탕으로 특징을 도출하는 단계에서 버블 맵을 적용할 수 있습니다.

---

7) 234쪽의 '프레이어 모델'을 활용할 수 있습니다.

26. 더블 버블 맵

두 개념의 공통점과 차이점을 비교해요.

　권리와 의무, 농촌과 도시처럼 서로 비슷해 보이지만 성격이 다른 개념들은 하나씩 따로 살펴볼 때보다 서로를 나란히 놓고 비교할 때 그 특징이 더욱 분명해집니다. 비교 과정에서 학생들은 각 개념의 핵심을 구분하고 공통점과 차이점을 동시에 인식하게 되기 때문입니다.

　더블 버블 맵(Double Bubble Map)은 두 개념의 공통점과 차이점을 시각적으로 한눈에 비교할 수 있도록 돕는 씽킹 맵입니다. 두 개념을 나란히 놓고 비교하는 과정에서 비슷한 점과 다른 점이 자연스럽게 드러나 개념 이해를 돕습니다. 개념 간 비교를 통해 각각의 개념의 특징을 정교화하는 동시에 두 개념 사이의 경계를 명확하게 인지하므로 개념에 대한 이해가 한층 깊어집니다.

1. 더블 버블 맵의 구조 이해하기

"더블 버블 맵은 두 개의 중심 원에 비교할 두 개념을 쓰고 가운데 영역에는 두 개념의 공통점을, 양쪽에는 차이점을 씁니다."

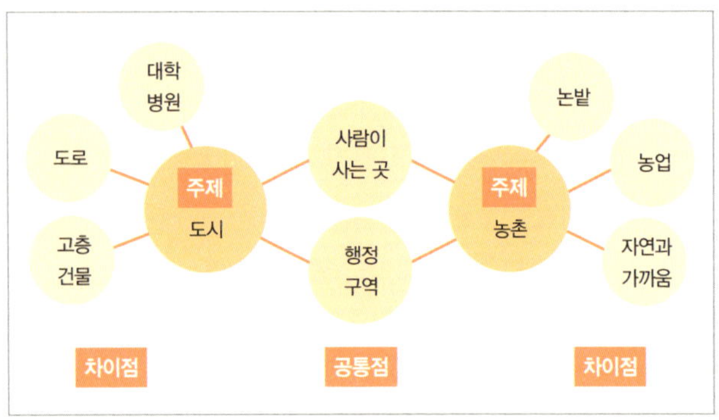

더블 버블 맵의 구조

2. 더블 버블 맵으로 정리하기

"시민의 '권리'와 '의무'는 공통점도 있고 차이점도 있는 개념입니다. 더블 버블 맵을 통해 이 두 가지 개념을 비교해 봅시다. 예를 들어 두 개념은 모두 법에 명시되어 있다는 공통점이 있어요." 이때 포스트잇의 색깔을 구분해 사용하면 공통점과 차이점을 시각적으로 더욱 쉽게 비교할 수 있습니다.

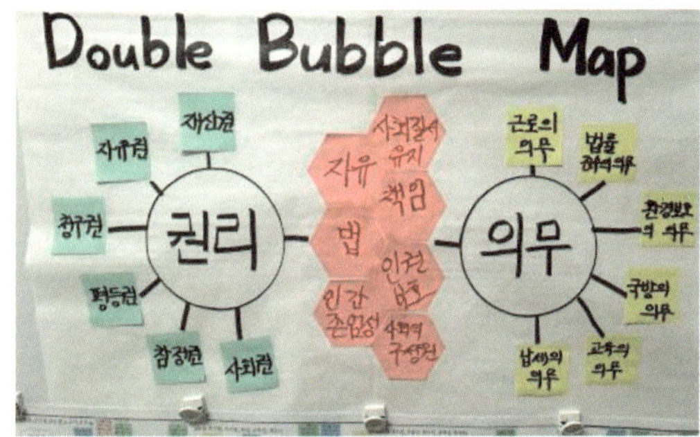

시민의 권리와 의무를 더블 버블 맵으로 정리하기

더블 버블 맵 학습지

한 끗 차이

✅ 학습을 마친 후 각자 더블 버블 맵을 작성하도록 하면 주요 개념에 대한 이해를 확인하는 평가 도구로도 활용할 수 있습니다.

27. 트리 맵

주제부터 세부 내용까지 차례로 정리해요.

학생들은 자료를 정리할 때 무엇이 중심 내용이고 무엇이 세부 내용인지 구분하지 못한 채 제시된 내용을 그대로 옮겨 적는 경우가 있습니다. 이렇게 자료에 담긴 내용을 나열식으로 정리하면 중요한 내용과 예시가 섞여 자료의 흐름이나 핵심을 이해하기 어렵습니다.

트리 맵(Tree Map)은 주제를 중심으로 관련 내용을 묶어 위계적으로 구조화해 정리하는 씽킹 맵입니다. 큰 개념을 작은 개념으로 세분화하거나 기준에 따라 내용을 분류하며 자료의 구조와 핵심을 한눈에 파악하도록 돕습니다.

1. 트리 맵의 구조 이해하기

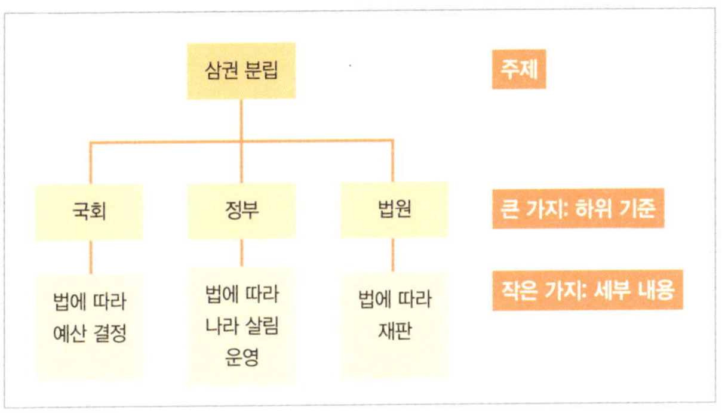

트리 맵의 구조

"트리 맵은 가장 위에 중심 개념 또는 주제를 쓰고 아래에는 큰 가지를 나누어 하위 기준을 씁니다. 각 기준에 속하는 세부 내용을 작은 가지로 아래에 정리하면 자료 전체의 구조와 핵심을 한눈에 파악할 수 있어요."

2. 트리 맵으로 정리하기

"여러 가지 문장들을 트리 맵으로 정리해 봅시다. 주제는 '문장의 종류'가 되겠죠. 큰 가지에는 '설명하는 문장', '묻는 문장', '감탄하는 문장'을 쓰고 그 아래에 예시 문장들을 분류해 보세요."

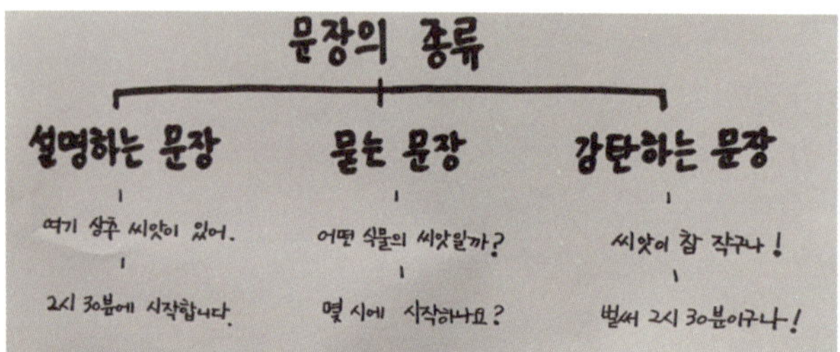

문장의 종류를 트리 맵으로 정리하기

트리 맵을 활용할 때 "이 내용은 어떤 기준으로 묶을 수 있을까?", "다른 관점에서 분류한다면 어떻게 될까?"와 같은 질문을 통해 학생이 스스로 기준을 세우고 분류하며 생각을 조직하도록 도울 수 있습니다.

트리 맵 학습지

한 끗 차이

☑ 글쓰기에 적용하는 경우 가장 위에 주제를 적고 아래 가지에 각 문단의 중심 문장을 적습니다. 그리고 그 아래 가지를 뒷받침 문장으로 연결하면 글의 구조가 자연스럽게 잡힙니다.

28. 플로우 맵

변화의 순서에 따라 정리하며 과정을 이해해요.

"이게 먼저였나? 순서를 잘 모르겠어요." 학생들은 시간의 흐름이나 과정이 있는 자료에서 어떤 일이 먼저 일어났고 그다음에 어떤 변화가 있었는지 정확히 파악하지 못하는 경우가 많습니다. 내용을 한꺼번에 받아들이다 보면 전체 과정을 흐릿하게 기억하거나 순서가 뒤섞인 채로 기억하기도 합니다.

플로우 맵(Flow Map)은 자료를 시간의 흐름에 따라 순서대로 배열하여 정리하는 씽킹 맵입니다. 각 단계에서 나타난 구체적인 내용을 함께 정리해 전체 과정을 한눈에 파악할 수 있습니다.

1. 플로우 맵의 구조 이해하기

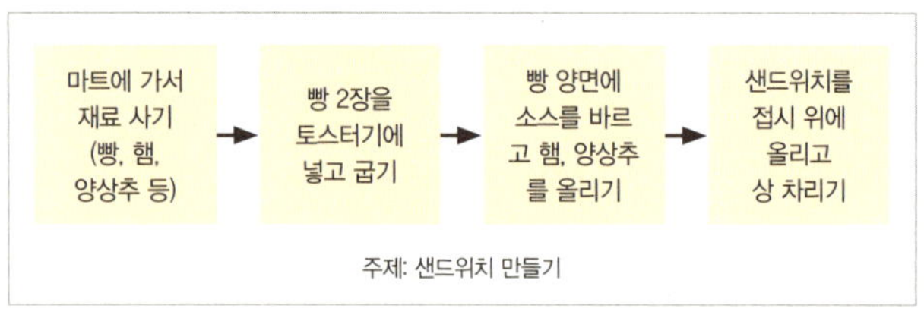

플로우 맵의 구조

"플로우 맵은 순서가 있는 자료를 정리할 때 활용합니다. 단순히 순서대로 나열만 하는 것이 아니라 각 단계에서 누가, 언제, 어디서, 무엇을 했는지, 그에 따른 변화와 이유·결과까지 구체적인 정보를 함께 정리하면 좋습니다."

2. 플로우 맵으로 정리하기

"'배추흰나비의 한살이'를 플로우 맵으로 정리해 봅시다. '알→애벌레→번데기→어른벌레'와 같이 변화의 순서를 흐름대로 정리하면 전체 과정을 한눈에 파악할 수 있겠죠. '애벌레' 단계라면 단순히 '애벌레가 된다.'라고 적는 것보다 '배추를 먹으며 자라고 몸 색깔이 초록색으로 변한다.'와 같이 관찰할 수 있는 변화를 구체적으로 적는 것이 좋습니다."

배추 흰나비의 한살이를 플로우 맵으로 정리하기

플로우 맵 학습지

한 끗 차이

☑ 친구의 플로우 맵과 비교하며 순서를 어떻게 정리했는지, 어떤 변화
에 초점을 두었는지 설명하도록 하면 이해가 명확해집니다.

수업 기술	플로우 맵		
대상	초등학교 2학년	교과	국어
성취기준	[2국02-04] 인물의 마음이나 생각을 짐작하고 이를 자신과 비교하며 글을 읽는다.		
수업 목표	이야기 속 인물의 마음 짐작하기		
수업 기술 적용 의도	이야기의 흐름에 따라 인물의 마음이 어떻게 변화하는지 파악하기 위해		

이 수업은 2학년 학생들과 그림책『목기린 씨, 타세요!』를 읽고 목기린 씨의 마음을 짐작해 보고자 구성했습니다. 학생들은 이야기의 장면이 바뀔 때마다 목기린 씨의 마음이 어떻게 달라졌을지 생각해 보게 됩니다. 이야기의 흐름에 따라 마음의 변화를 정리하기 위해 **플로우 맵**을 활용했습니다.

"『목기린 씨, 타세요!』에서 목기린 씨에서 어떤 일이 있었나요?"

"목이 너무 길어서 버스를 타지 못했어요."

"매일 먼 길을 걸어 다녔어요."

"그다음에(그전에는) 어떤 장면이 나왔나요?"

이야기를 읽은 후 사건의 흐름을 떠올리도록 하며 장면에 맞는 삽화를 칠판에 붙였습니다.

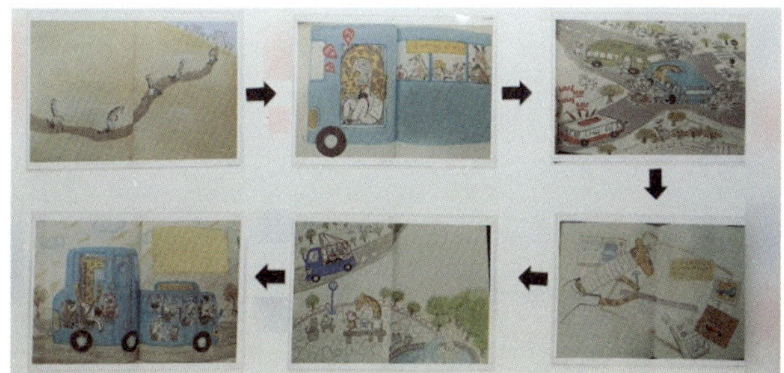

플로우 맵으로 정리한 '목기린 씨, 타세요!'

이야기의 흐름이 정리된 뒤에는 각 장면에서의 목기린 씨의 마음을 생각해 보았습니다.

"이 장면에서 목기린 씨의 마음은 어땠을까요?"

"버스를 타지 못해서 속상했을 것 같아요."

"사고를 겪었을 때는 아프고 무서웠을 것 같아요."

"마을 사람들이 함께 도와줄 때는 기뻤을 것 같아요."

학생들의 생각을 바탕으로 플로우 맵에 이야기의 흐름에 따른 목기린 씨의 마음을 적어 나갔습니다. 긍정적인 마음은 파란색으로, 부정적인 마음은 빨간색으로 표시했습니다.

플로우 맵으로 목기린 씨의 마음 변화 나타내기

플로우 맵으로 정리하자 목기린 씨의 마음이 어떻게 달라
졌는지 한눈에 드러났습니다. 학생들은 상황이 바뀜에 따라
인물의 마음이 달라진다는 점을 자연스럽게 이해하게 되었
습니다.

이 수업에서는 이야기의 흐름과 마음의 변화를 플로우 맵
으로 함께 정리함으로써 학생들이 이야기를 장면별로 따로
기억하는 데서 벗어나 이야기의 흐름에 따라 마음이 어떻게
변화하는지까지 이해하게 되었습니다.

29. 멀티 플로우 맵

복합적인 인과관계를 분석해요.

국어과의 문학 작품 해석, 사회과의 사회 문제 분석, 과학과의 변화 탐구와 같은 학습에서 다양한 사건과 현상을 이해하려면 인과관계 분석이 필요합니다. 그러나 학생들은 사건의 발생 순서 자체를 원인과 결과로 판단하거나 원인과 결과가 각각 하나씩만 존재한다고 생각하는 경우가 많습니다. 이는 여러 요인이 복합적으로 작용된 상황을 단순하게 해석하게 합니다.

멀티 플로우 맵(Multi Flow Map)은 복합적인 원인 · 결과 관계를 한눈에 파악할 수 있도록 돕는 씽킹 맵입니다. 핵심 사건을 중심에 두고 그 사건이 발생한 원인과 그로 인해 나타난 결과를 시각적으로 연결하여 정리합니다.

1. 멀티 플로우 맵의 구조 이해하기

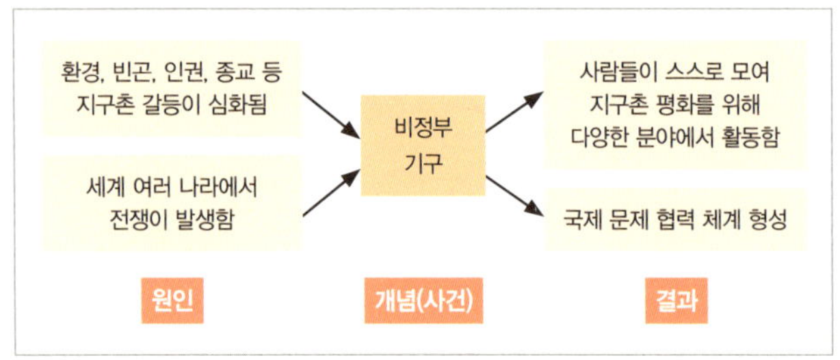

멀티 플로우 맵의 구조

"멀티 플로우 맵은 원인과 결과를 정리할 때 활용합니다. 중앙에 사건 또는 주제를 쓰고 왼쪽에는 원인, 오른쪽에는 결과를 적습니다. 이때 여러 원인이 동시에 작용할 수 있고 하나의 사건이 다양한 결과로 이어질 수 있으므로 이를 화살표로 나타냅니다."

2. 멀티 플로우 맵으로 정리하기

예를 들어, 1960년대 경제 발전을 탐구했다면 '경공업 발전'을 중심 사건으로 선택할 수 있습니다. "왜 경공업이 발전했을까?", "그 결과 우리 사회에는 어떤 변화가 있었을까?"를 스스로 질문하고 원인과 결과를 멀티 플로우 맵으로 정리합니다. 이때 한 가지 원인이나 결과에만 머무르지 않고 여러 요인이 함께 작용했는지, 결과가 다양하게 나타났는지를 검토하며 화살표를 추가하거나 관계를 조정합니다. 이 과정에서 사실과 개념을 연결하고 학습 내용의 전체 흐름을 정리하게 됩니다.

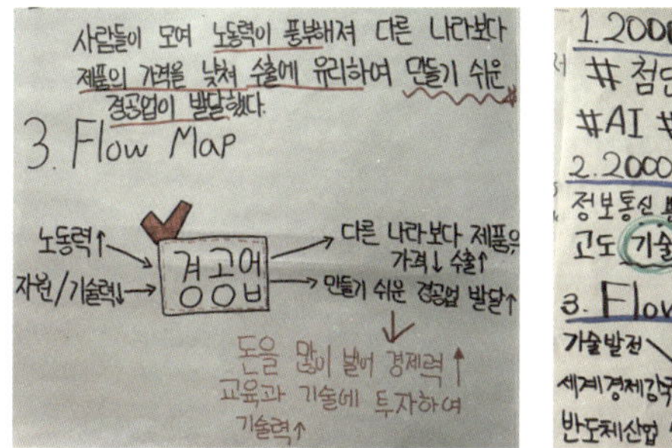

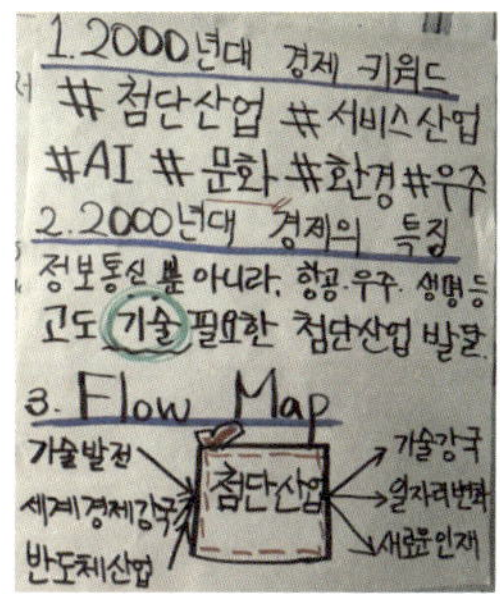

대한민국의 시기별 경제 발전의 모습을 멀티 플로우 맵으로 표현하기

멀티 플로우 맵 학습지

한 끗 차이

✔ 변화와 발전, 시간의 흐름과 관련된 주제를 멀티 플로우 맵으로 정리하면 좋습니다.

30. 브레이스 맵

    식물의 구조나 인간의 신체 구조처럼 복잡한 대상을 학습할 때는 어떤 구성 요소로 이루어져 있으며 각 부분이 전체 속에서 어떤 역할을 하는지 이해하는 것이 중요합니다. 그러나 많은 학생은 전체와 부분의 관계를 혼동하거나, 각 부분의 역할을 구조적으로 파악하는 데 어려움을 겪습니다.

    브레이스 맵(Brace Map)은 하나의 대상을 구성 요소로 나누어 구조를 정리하는 씽킹 맵입니다. 대상을 전체에서 부분으로 분해하며 각 부분이 전체 속에서 어떻게 연결되어 있는지 시각적으로 파악할 수 있습니다.

1. 브레이스 맵의 구조 이해하기

"브레이스 맵은 전체를 부분으로 나누면서 정리하는 도구입니다. 왼쪽에 전체가 되는 대상이나 개념을 쓰고 오른쪽으로 갈수록 그 대상을 이루는 세부 요소를 가지처럼 나누어 적어요.”

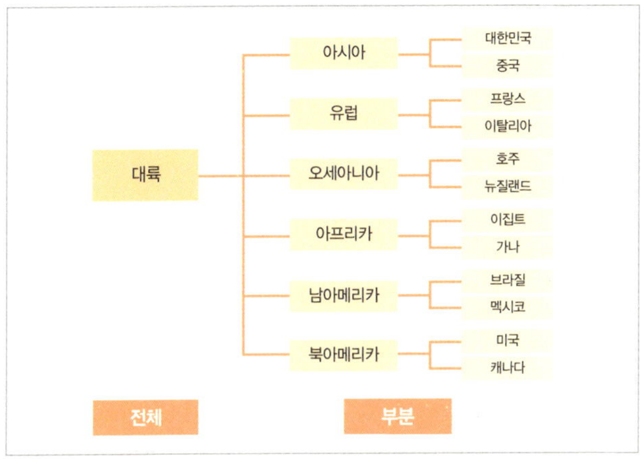

브레이스 맵의 구조

2. 브레이스 맵으로 정리하기

탐구 주제를 바탕으로 전체가 될 대상을 먼저 정합니다. 예를 들어 ‘우리 몸’이 주제라면, “우리 몸은 어떻게 나눌 수 있을까?”라는 질문에서 출발합니다. 학생들은 토의를 통해 운동기관, 소화기관, 호흡기관, 순환기관 등으로 범주를 나누고, 다시 “운동기관은 어떤 부분으로 이루어져 있을까?”와 같이 부분을 점차 세분화합니다. 이어서 “뼈는 우리 몸에서 어떤 역할을 할까?”처럼 각 부분의 기능을 연결하며 브레이스 맵을 확장해 나갑니다. 전체에서 부분으로 구조를 나누어 정리하면 복잡해 보이던 대상도 구성과 역할이 분명하게 드러납니다.

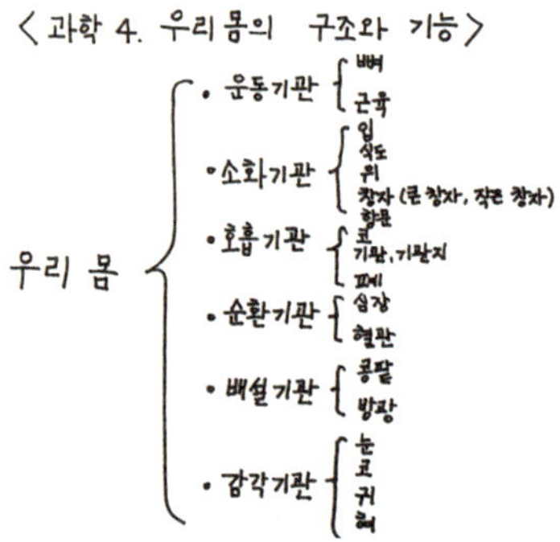

우리 몸의 구조와 기능을 브레이스 맵으로 표현하기

브레이스 맵 학습지

한 끗 차이

☑ 부분의 이름만 나열하지 않도록 각 부분이 전체에서 맡는 역할을 함께 설명하게 하면 구조 이해에 대한 깊어집니다.

31. 브릿지 맵

두 대상의 관계를 연결하며 개념을 이해해요.

학생들은 개별 개념의 뜻이나 예시는 알고 있지만 여러 개념 사이의 공통된 관계를 말로 설명하는 데 어려움을 겪는 경우가 많습니다. 알고 있는 사실을 하나씩 나열할 수는 있으나 "A는 B와 어떤 점에서 같은가?", "이 개념들을 하나로 묶을 수 있는 관계는 무엇인가?"와 같은 질문에는 쉽게 답하지 못합니다.

브릿지 맵(Bridge Map)은 대상과 그 사이의 관계 요소를 함께 정리하는 씽킹 맵입니다. 여러 대상을 같은 관계로 묶어 나열하면서 개념 자체보다 개념 간의 관계에 주목하도록 돕습니다. 공통된 관계를 기준으로 두 개념을 한 줄에 반복해서 쓰는 구조 덕분에 학생들은 개념의 연결점을 자연스럽게 발견하게 됩니다.

1. 브릿지 맵의 구조 이해하기

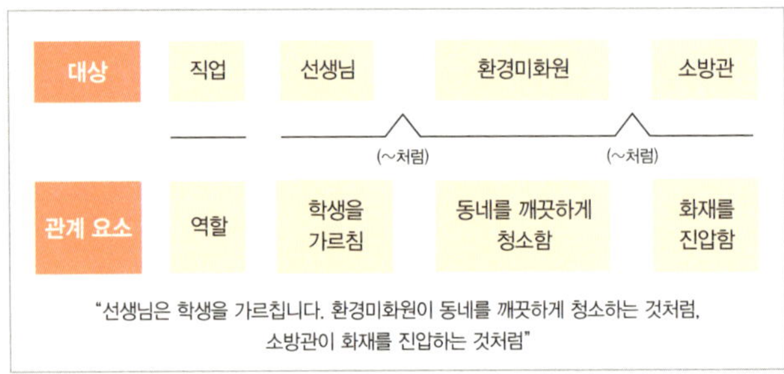

브릿지 맵의 구조

"브릿지 맵은 서로 짝이 되는 두 내용을 위 아래에 쓰고 같은 방식으로 연결되는 다른 쌍들을 오른쪽으로 계속 이어 쓰는 구조입니다. 여러 쌍을 한 줄로 나열해 보면 다른 대상 이지만 모두 같은 관계로 연결되어 있음을 알 수 있습니다. 브릿지 맵은 개념을 '관계' 중심으로 생각하도록 도와주는 도구입니다."

2. 브릿지 맵으로 정리하기

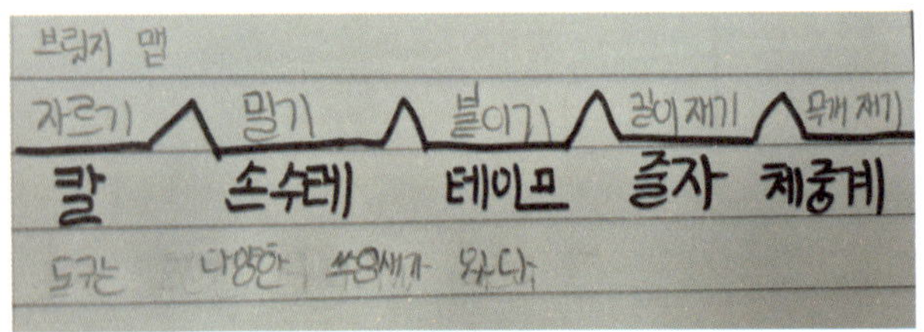

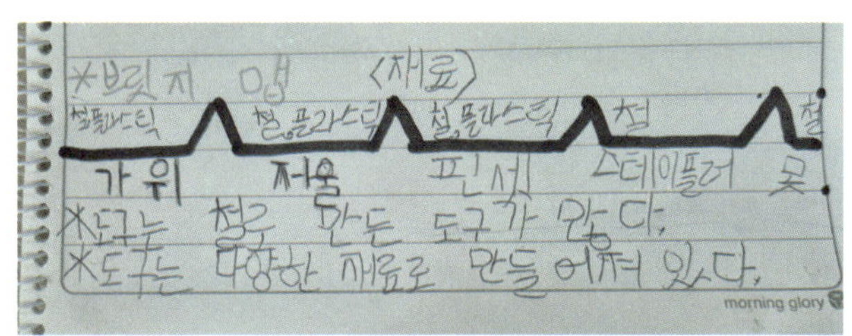

도구의 쓰임새 및 재료를 브릿지 맵으로 정리하기

“생활 속 도구들의 쓰임을 브릿지 맵으로 정리해 봅시다. 각 도구가 어떤 상황에서 쓰이는지 생각하며 짝지어 보세요.”, “‘칼-자르기, 손수레-밀기, 테이프-붙이기’와 같은 방식처럼 쌍으로 연결해 보면 ‘도구는 다양한 쓰임새가 있다.’라는 도구와 기능의 관계를 알 수 있어요.”

브릿지 맵 학습지

한 끗 차이

✅ 브릿지 맵을 완성한 뒤 새로운 두 대상을 예로 들어 보게 하면 학생들이 관계를 기준으로 사고하고 있는지 분명히 확인할 수 있습니다.

V.

생각을
눈으로
확인해요

"요즘 수업을 하면서 어떻게 하면 좀 더 아이들이 깊게 생각하도록
할 수 있을까 고민하게 돼요."

"저도 그래요. 수업이 끝나고 나면 늘 '어떻게 하면 아이들이 스스로
생각을 정리하고 더 깊게 탐구할 수 있을까?'를 되짚게 되더라고요."

"떠오르는 대로 말하는 수준을 넘어서 생각을 기록하고
정리하도록 돕는 방법이 필요하다는 걸 매번 느껴요."

"맞아요. 머릿속 생각은 금방 사라지니까요. 그래서 생각을
글이나 그림처럼 눈에 보이게 정리하는 활동이 중요하죠."

"그리고 단편적인 생각에만 머무르지 않고 '왜?'라고 되묻거나
다른 방향으로 확장하도록 안내하는 것도 필요할 것 같아요.
질문을 만드는 것도 가르쳐야겠다는 생각도 들고요."

"선생님 말씀처럼 호기심을 자극하고 사고를 확장하는 경험이 쌓이면
아이들 스스로 깊이 생각하고 질문하는 힘이 길러지더라고요."

"또 아이들이 단순히 사실만 알고 끝나는 게 아니라 사실을 통해
개념을 이해하고 개념들 사이의 관계까지 볼 수 있도록 돕고 싶어요."

"그게 바로 깊이 있는 배움이죠. 저는 그런 목적에서 사고 가시화를 위해
다양한 방법을 사용해 보려고 노력해요. 아이들이 자신의 생각을
눈에 보이게 다시 정리할 수 있거든요."

"사고 가시화를 위한 방법이요? 생각을 시각적으로 나타내는 방법인가요?
구체적으로 어떤 방법들을 사용하세요?"

사고의 표현이
습관이 되는 교실

하버드 프로젝트 제로[8]는 오랜 기간 학교 현장의 수업을 면밀히 관찰하며 문제의식을 갖게 되었습니다. 그것은 교실에서 학생들의 사고 활동은 분명 끊임없이 일어나고 있음에도 불구하고 수업의 표면 위로는 그 과정이 충분히 드러나거나 축적되지 못한다는 점입니다. 학생들은 교사의 질문에 대해 단편적인 단어나 즉각적인 반응으로만 짧게 응답하는 경우가 많았습니다. 또 학생들의 머릿속에서 일어난 생각의 불꽃들은 서로 연결되지 못한 채 흩어지거나, 논리적인 문장과 구조로 완성되지 못하고 증발해 버리기 일쑤였습니다. 프로젝트 제로는 이러한 현상의 원인을 학생 개인의 능력 부족이나 태도의 문제로 돌리지 않았습니다. 오히려 복잡한

---

8) 하버드 프로젝트 제로(Harvard Project Zero)는 하버드 교육대학원 산하의 교육 연구 프로젝트로 교육 활동에서 학습자의 사고와 이해가 형성되는 인지적 과정을 연구하고 이를 교실에서 가시화하는 교수·학습 접근을 발전시켜 왔습니다. (https://pz.harvard.edu/)

사고를 밖으로 꺼내어 정교하게 조직할 수 있는 언어적 도구와 구조적 비계가 교육적으로 충분히 제공되지 않았다는 점을 지적했습니다.

이는 오랫동안 정답 도출과 결과 확인에만 매몰되어 온 교육의 관행과도 맞닿아 있습니다. 교육 현장에서는 학습자가 새로운 개념을 접했을 때 자신만의 의미로 재구성하며 깊은 이해에 도달하는 치열한 사고의 과정을 간과한 측면이 있습니다. 이에 프로젝트 제로는 교육이 나아가야 할 방향을 근본적으로 재설정해야 한다고 주장합니다. 단순히 '무엇을 아는가?'라는 결과론적 지식의 확인을 넘어 학습자가 '어떻게 이해하고 사고하는가?'라는 인지적 과정 그 자체로 교육의 초점을 전환해야 한다는 것입니다.

하버드 프로젝트 제로의 선임 연구원인 론 리치하트의 저서 『생각이 보이는 교실(Making Thinking Visible)』은 이 문제에 대한 실천적인 해답을 제시합니다. 이 책은 학생들의 사고를 교실에서 눈에 보이게 드러내고 이를 수업 속에서 다룰 수 있도록 돕는 다양한 도구들을 제안합니다. 특히 이러한 도구들을 전략이나 기법이 아닌 **사고 루틴**(Thinking routines)이라고 명명하였다는 점에 주목할 필요가 있습니다.

리치하트는 사고의 기술이 단 한 번의 활동으로 완성되는 일회성 이벤트가 아니라 일상적인 반복을 통해 자연스러운 습관으로 자리 잡아야 한다고 보았습니다. 이는 운동선수가 반복 훈련을 통해 근육 기억을 형성하듯 학생들 역시 어떤 대상이나 상황을 마주했을 때 질문하고 탐구하는 태도가 자동적으로 발현되어야 한다는 관점과 맞닿아 있습니다. 이러한 맥락에서 사고 루틴은 사고를 가시화하는 단순한 도구를 넘어 생각하는 방식이 내면화되고 습관화되는 지속적인 과정을 의미합니다.

물론 사고를 가시화하는 방법이 반드시 사고 루틴에만 한정되는 것은 아닙니다. 교육 현장에서 오랫동안 활용되어 온 다양한 수업 기법뿐만 아니라 교사가 자신의 수업 철학이나 학생들의 특성을 고려하여 고안한 방식들 또한 충분히 의미 있는 사고 가시화 도구가 될 수 있습니다. 중요한 것은 도구의 출처나 명칭이 아니라 학생들에게 생각을 표현할 수 있는 명확한 언어와 절차를 제공하고 있는가 하는 점입니다.

다만 기존의 사고 루틴이든 교사가 새롭게 설계한 방식이든 그것이 학생들의 사고 습관으로 정착되기 위해서는 두 가지 원칙이 반드시 지켜져야 합니다. 하나는 선택, 다른 하나는 반복입니다. 다양한 도구를 모두 활용하려는 접근보다는 교실 상황에 적합한 몇 가지 핵심 방식을 선정하고 학생들이 그 사고 절차를 충분히 익혀 자연스럽게 사용할 수 있을 때까지 반복적으로 적용하는 것이 필요합니다. 이러한 누적된 경험 속에서 사고 가시화는 일회성 활동을 넘어 학생들의 일상적인 사고방식으로 자리 잡게 됩니다.

32. 생각 그물

　단원을 마친 뒤 학생들은 새롭게 배운 개념과 기존에 알고 있던 개념 사이의 관계를 명확히 이해하지 못하는 경우가 있습니다.

　생각 그물은 중심 주제를 가운데에 두고 관련된 개념과 아이디어를 선으로 연결하여 학습 내용을 시각적으로 정리하는 수업 기술입니다. 이 과정에서 학생들은 학습 주제를 구조적으로 이해할 수 있습니다.

1. 자유롭게 떠올리기

　"지금까지 학습한 '계절'이라는 주제와 관련해 떠오르는 것을 자유롭게 이야기해 봅시다.", "봄, 여름, 가을, 겨울이요.", "여름에는 물놀이를 많이 가요.", "여름에는 비가 많이 오고 겨울에는 눈이 와요."와 같이 학습한 내용을 떠올리며 사고를 활성화 합니다.

2. 생각 그물로 개념 연결하기

이제 학생들이 떠올린 생각을 왜 서로 연결되는지 설명할 수 있는 관계를 기준으로 묶어 보도록 안내합니다. "학습 주제인 '계절'을 가운데 쓰고 주제에서 뻗어 나가는 선에 '봄, 여름, 가을, 겨울'을 써 봅시다. 계절마다 다시 선을 그어 배운 내용을 낱말로 써 봅시다. 예를 들어 '여름에 비가 오고 겨울에 눈이 온다.'라는 내용은 '비', '눈'으로 표현할 수 있겠죠. '비', '눈'을 함께 묶어 설명할 수 있는 더 큰 개념은 무엇일까요?", "둘 다 '날씨'예요.", "'여름'에 선을 그어 '날씨'라는 개념에 연결하고 그 아래에 또 '비'와 '눈'을 연결하면 됩니다."

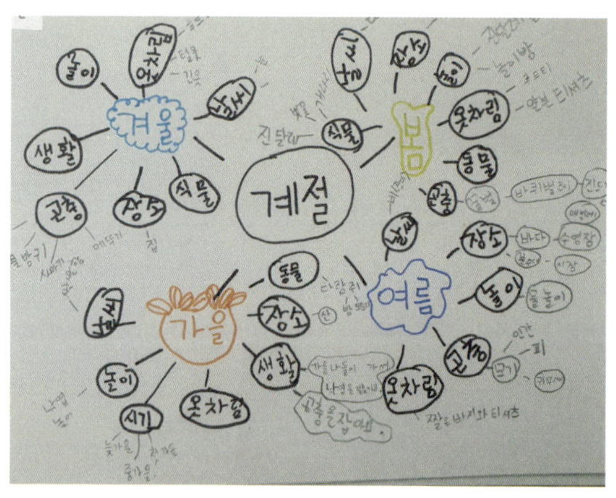

'계절'에 대해 생각 그물로 정리하기

　　"추가로 어떤 개념이 서로 연결될 수 있을까요?"와 같은 질문으로 학생들이 스스로 개념을 정리하고 확장하도록 합니다. 처음에는 핵심이 되는 낱말 중심으로 정리하고 이후 더 자세한 내용을 덧붙여 이야기하며 깊이를 더합니다. 활동을 마친 뒤에는 생각 그물을 바탕으로 이 단원에서 가장 중요한 개념이 무엇인지를 생각하여 한 문장으로 정리해 보아도 좋습니다.[9]

한 끗 차이

✔ 상위 개념은 크게 하위 개념은 작게 표현하여 개념의 연결 구조를 나타낼 수 있습니다.

---

[9] 256쪽의 '나만의 한 문장'과 함께 활용해 보세요.

33. 만다라트

다양한 아이디어를 떠올리고 확장해요.

아이디어를 생성할 때 떠오르는 생각은 많지만 핵심과 먼 이야기로 빠지는 경우가 많습니다. 혹은 생각이 이어지지 않아 몇 가지 아이디어에서 멈추는 경우도 있습니다.

만다라트는 주제를 가운데 두고 관련 아이디어를 주변으로 확장해 나가며 발전시키는 수업 기술입니다. 주제를 분명히 인식한 상태에서 그와 관련된 세부 생각을 단계적으로 연결하기 때문에 사고의 균형과 다양성을 확보할 수 있습니다.

1. 만다라트 중심에 주제 쓰기

3×3 모양의 만다라트 중심에 주제를 씁니다. "만다라트는 9개의 정사각형으로 이루어져 있어요. 우리가 배우고 있는 '살기 좋은 동네'를 가운데 칸에 써 봅시다."

2. 아이디어 떠올리기

"살기 좋은 동네란 어떤 곳일까요?", "환경이 깨끗한 곳이요.", "좋은 이웃이 있는 동네요." 이처럼 주제와 관련해 떠오르는 아이디어를 '환경', '이웃'과 같이 키워드로 정리해 주변 8칸에 씁니다.

3. 아이디어 확장하기

9칸을 모두 완성한 뒤에는 각 아이디어를 새로운 주제로 삼아 만다라트를 추가로 연결합니다. 예를 들어 추가한 만다라트의 주제가 '환경'이라면 "환경이 깨끗한 동네가 되려면 구체적으로 어떻게 해야 하나요?", "플라스틱, 종이 쓰레기를 길에 버리지 않아야 해요.", "분리배출을 잘해야 돼요."와 같은 대화를 통해 아이디어를 구체적으로 발전시킬 수 있습니다.

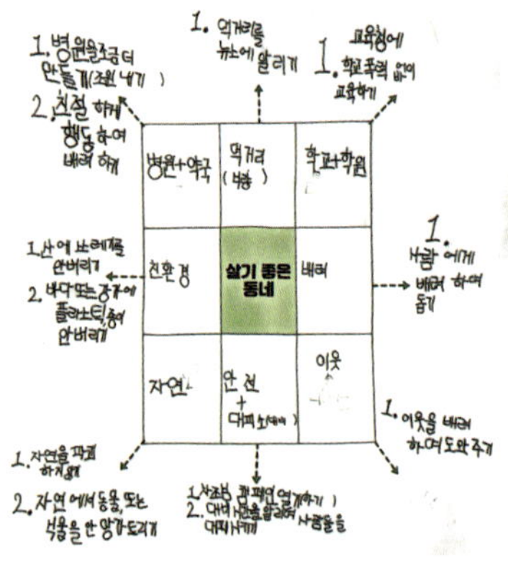

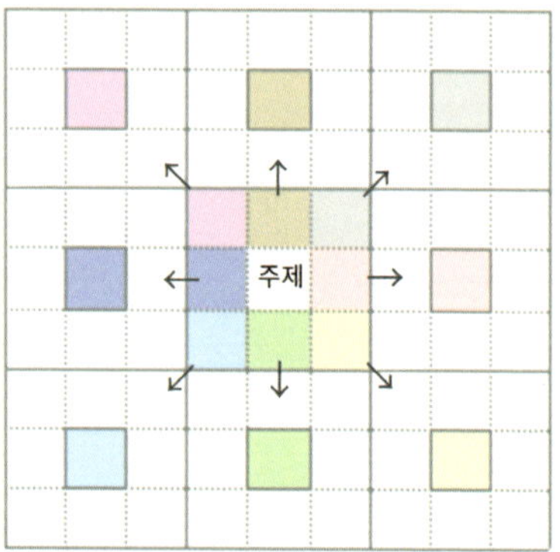

'살기 좋은 동네'를 주제로 한 만다라트의 사례

한 끗 차이

✅ 9×9 모양의 확장된 만다라트는 아이디어마다 세부 내용을 확장해
나가는 사고 과정이 필요하므로 고학년 중심으로 적용하면 좋습니다.

34. KWL

기존 지식과 새로운 지식을 능동적으로 연결해요.

학생이 이미 무엇을 알고 있는지 파악하는 과정은 수업의 출발점이 됩니다. 사전 지식을 확인하면 학생의 이해 수준과 오개념을 미리 파악할 수 있고 수업의 방향을 분명하게 설정하여 새로운 배움으로 이어갈 수 있습니다.

KWL 기법은 이러한 과정을 구조화하여 지원하는 수업 기술입니다. 학생은 이미 알고 있는 내용(K)을 떠올리고, 더 알고 싶거나 궁금한 점(W)을 통해 개인적인 탐구 목표를 설정합니다. 이후 학습 과정에서 새롭게 알게 된 내용(L)을 정리하며 지식을 재구성합니다. 이 과정을 통해 학생은 단순히 정보를 받아들이는 것이 아니라 학습의 전 과정에 주도적으로 참여하게 됩니다.

1. Know: 알고 있는 내용이나 경험

학생들은 교실 밖의 경험을 통해 이미 다양한 지식과 생각을 가지고 수업에 참여합니다. 이 단계에서는 사전 지식을 수업 주제나 핵심 개념과 연결하기 위해 간단한 활동이나 자료를 활용합니다. 예를 들어 '힘을 줄여주는 도구'를 본격적으로 탐구하기 전 종이를 여러 번 접어 자르는 실험을 진행한 뒤, 교사는 "내 힘만으로 해결하기 어려운 상황에서는 어떤 방법을 사용해 왔을까요?"와 같은 질문을 던집니다. 학생들은 떠오르는 생각을 포스트잇이나 KWL을 나눈 TT차트[10]에 적어 모둠이나 학급 전체에서 공유합니다.

2. Want to know/ Wonder: 알고 싶은 것이나 궁금증

다음으로 단원 학습을 통해 더 알고 싶은 점이나 활동 중 생긴 궁금증을 정리합니다. 학생이 학습의 방향을 스스로 설정하는 단계로 단원 전체를 관통하는 탐구 질문을 형성하는 데 도움이 됩니다. 학생은 이 질문을 학습 전반에 걸쳐 간직하며 탐구를 이어가고 교사는 이를 참고하여 수업의 흐름을 조정할 수 있습니다.

---

[10] 178쪽의 'T차트'와 함께 활용해 보세요.

3. Learned: 알게된 것

학생들은 새롭게 알게 된 내용을 기록하거나 TT차트의 세 번째 칸에 적습니다. 포스트잇을 활용할 때에는 이후 분류나 재배치를 쉽게 하기 위해 한 장에 한 가지 내용만 적도록 합니다. 이 단계는 학습 결과를 확인하는 데 그치지 않고 기존 생각과 새롭게 형성된 이해를 연결해 지식을 정리하는 과정입니다.

Know	Want to know	Learned
나무를 자를 때 도끼나 톱을 활용한다.	큰 돌이나 나무를 어떻게 옮기고 잘랐을까?	지레의 원리를 활용하면 힘을 적게 사용할 수 있다.
무거운 물건을 들기 위해서 여러 도구를 개발했다.		

'힘을 줄여주는 도구'와 관련된 KWL 작성 예시

KWL 학습지

35. I notice, I wonder

호기심과 관찰력을 기르며 탐구를 시작해요.

"친구들이 만든 살기 좋은 마을 작품에서 무엇이 보이나요?", "어떤 생각이 드나요?"와 같은 질문에 학생들은 "놀이터가 많아요.", "마을 모습이 다양해요."처럼 눈에 보이는 사실을 말할 수는 있습니다. 그러나 이러한 관찰이 그다음 궁금증이나 질문으로 이어지지 못해서 탐구로 확장되지 않고 단순한 사실 확인 단계에 머무는 경우가 많습니다.

I notice, I wonder는 관찰을 구조화하고 질문을 통해 탐구로 나아가도록 돕는 수업 기술입니다. 보이는 사실(I notice)과 그로부터 떠오른 생각이나 궁금증(I wonder)을 구분해 표현함으로써 호기심이 자연스럽게 질문으로 이어지도록 도와줍니다.

1. I notice (보고 생각했어요)

그림, 사진, 실물 자료 등을 제시하고 학생들이 보이는 것을 구체적으로 관찰하여 기록하도록 합니다. "이 작품에서 눈에 띄는 것은 무엇인가요?", "이 그림에서 보이는 특징은 무엇인가요?"와 같은 질문을 통해 해석이나 판단에 앞서 눈에 보이는 사실 자체에 집중하도록 안내합니다. 이때 관찰한 내용과 함께 그로부터 떠오른 생각이나 느낌을 간단히 덧붙이게 하면 이후 질문과 탐구로 자연스럽게 이어질 수 있습니다.

2. I wonder(궁금해요)

관찰한 내용을 바탕으로 궁금한 점을 작성합니다. "관찰한 내용 가운데 어떤 점이 궁금한가요?", "무엇을 더 알고 싶나요?" 학생들은 관찰 과정에서 생겨난 호기심을 바탕으로 자연스럽게 질문을 만듭니다.

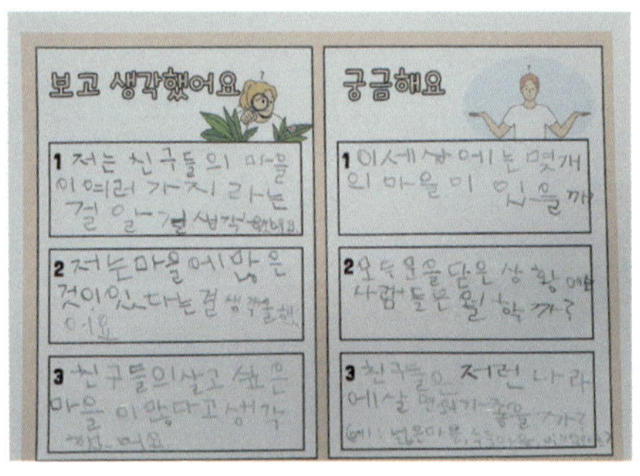

마을에 관한 자료를 보고 I notice, I wonder로 정리하기

3. 관찰과 질문 공유하기

관찰한 내용과 질문을 함께 나누며 공통점과 차이점, 독특한 의견 등을 비교합니다. "비슷한 질문을 한 친구가 있나요?", "이 질문에는 어떻게 답할 수 있을까요?" 공유된 내용을 바탕으로 탐구 방향을 설정하고 가장 탐구하고 싶은 질문을 선정해 탐구로 확장합니다.

I notice, I wonder 학습지

한 끗 차이

- ✅ 학생들이 만든 질문을 함께 모아 유사한 질문끼리 분류하면 자연스럽게 공통된 탐구 주제로 확장할 수 있습니다.
- ✅ 학생들이 작성한 관찰과 질문을 모아 학급 게시판에 전시하면 탐구 과정에 참고 자료로 활용할 수 있습니다.

36. See Think Wonder

학생들에게 석기 시대 관련 영상을 보여 주면 "도구를 들고 있어요.", "불을 피워요."처럼 눈에 보이는 장면만 말하는 관찰 단계에 머무르는 경우가 많습니다. 하지만 석기 시대의 환경과 생활 모습, 도구 사용의 의미를 이해하기 위해서는 관찰을 넘어 생각을 확장하고 탐구로 이어 가는 과정이 필요합니다.

See Think Wonder는 시각 자료를 바탕으로 보이는 것(See)에서 출발해 그로부터 떠오른 생각(Think)과 궁금증(Wonder)으로 사고를 확장하도록 돕습니다. 초기 관찰에 머물기 쉬운 학생들의 사고를 질문과 탐구로 연결하는 데 효과적입니다.

1. 자료 선정 및 제시하기

탐구 주제와 관련된 사진이나 영상을 선정하여 제시합니

다. 예를 들어 '석기 시대 사람들은 어떻게 생활했을까?'라는 탐구에서는 도구 제작이나 사냥 · 채집 장면이 담긴 영상을 활용할 수 있습니다. 이러한 시각 자료는 학생들의 관찰과 추리를 돕고 수업 의도에 따라 전체 또는 일부 장면을 제시하여 관찰의 집중도를 조절할 수 있습니다.

2. 관찰하기(See)

"무엇이 보이나요?", "어떤 행동이 눈에 띄나요?"와 같은 질문으로 해석이나 판단을 배제하고 보이는 사실만 기록하도록 안내합니다. 학생들은 "돌이 많이 보여요.", "도끼 모양이 보여요."와 같이 영상을 보며 구체적인 관찰 내용을 적습니다.

출처: Youtube EBS 컬렉션–사이언스

영상을 보며 STW로 정리한
석기 시대의 생활 모습

3. 생각하기 (Think)

"어떤 생각이 드나요?", "왜 그런 생각이 드나요?"와 같은 질문을 통해 관찰에서 사고로 확장합니다. 학생들은 "'이 시대에는 다양한 돌 도구들이 있었구나.'라는 생각이 들어요.", "재료는 하나인데 여러 가지 용도로 사용되었어요."와 같이 관찰한 내용을 바탕으로 자신의 생각을 표현합니다.

4. 질문하기 (Wonder)

생각을 바탕으로 탐구로 이어질 질문을 만듭니다. "이 도구는 어떤 돌로 만들었을까?", "왜 이 시대에는 돌로만 도구를 만들었을까?"와 같은 질문할 수 있습니다. 학생들이 만든 질문은 이후 탐구 주제로 활용되어 탐구의 깊이를 더합니다.

한 끗 차이

✔ 관찰(See) 단계에서 단어 중심으로 쓰도록 안내하면 사실과 해석을 구분할 수 있습니다.

▶ 수업 스케치

수업 기술	See Think Wonder		
대상	초등학교 6학년	교과	미술
성취기준	[6미03–02] 미술 작품이 시대적 배경과 관련된다는 것을 이해할 수 있다.		
수업 목표	미술 작품과 관련된 탐구 질문 만들기		
적용 의도	학생들이 본 것을 바탕으로 스스로 생각을 넓히고 궁금증을 질문으로 만들어 탐구를 시작하도록 돕기 위해		

이 수업은 탐구 수업의 시작 단계에서 학생들이 생각의 폭을 차근차근 넓혀 가며 스스로 질문을 만들어 보도록 하는 데 초점을 두었습니다. 이후의 모든 활동은 학생들이 직접 만든 질문을 해결하는 과정으로 이어지도록 설계하였습니다.

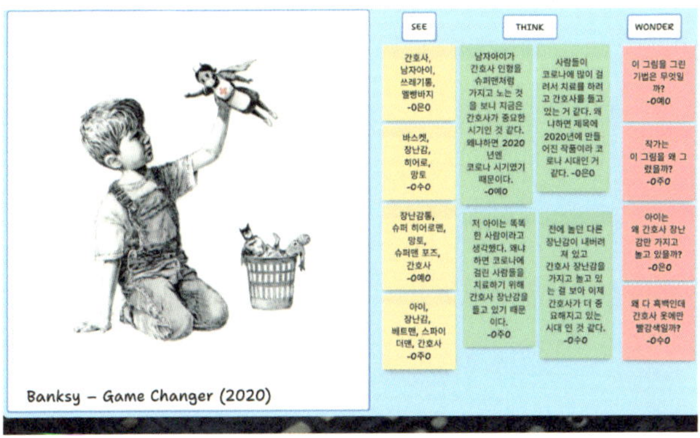

Banksy의 'Game Changer'를 STW로 탐구한 사례

수업에서 제시한 작품은 영국의 익명 거리 예술가 뱅크시(Banksy)가 코로나19 팬데믹 시기에 발표한 〈Game Changer〉(2020)라는 라는 작품입니다.

See 단계에서는 그림에서 보이는 것을 있는 그대로 살펴보았습니다. 이 단계에서는 생각이나 느낌은 쓰지 않고 이유를 설명할 필요도 없습니다. 문장보다는 단어로 쓰는 것이 좋습니다. '흑백', '남자아이', '망토를 맨 간호사 인형', '장난감'과 같이 그림을 보며 바로 확인할 수 있는 장면과 요소에 집중하였습니다.

이어서 **Think 단계**에서는 앞서 관찰한 내용을 바탕으로 그림의 의미를 생각해 보았습니다.

"작품 제목 옆에 2020이라고 적혀 있어서 2020년에 만든 작품인 것 같아요."

"그때는 코로나 시기였어요. 제가 1학년 입학하던 때라 기억나요."

"간호사 인형을 히어로처럼 가지고 노는 걸 보니 의료진에 대한 고마움을 표현한 것 같아요."

위와 같이 관찰을 근거로 자신의 생각을 말하도록 안내하였습니다. 자신의 생각을 설명하기 어려워하는 경우에는 '~한 것을 보니 ~인 것 같다'와 같은 표현 방법을 제시해도 좋습니다.

　마지막 Wonder **단계**에서는 지금까지의 관찰과 생각을 바탕으로 궁금한 점을 질문으로 만들어 보았습니다.
　"왜 그림은 전부 흑백인데 간호사 옷만 빨간색일까?"
　"아이는 왜 다른 장난감 대신 간호사 인형만 가지고 놀고 있을까?"
　위와 같이 사실적 질문뿐만 아니라 "작가는 이 그림을 왜 그렸을까?"와 같이 그림 전체의 의미로 사고를 확장하는 질문까지 다양하게 나왔습니다. 이 과정을 통해 학생들의 생각이 자연스럽게 깊어지고 넓어지는 모습을 확인할 수 있었습니다.

　이후의 활동은 학생들이 만든 질문을 하나씩 해결해 가는 방식으로 이어졌습니다. 그림에 담긴 의미를 예상해 보고 조사 결과를 통해 작가의 의도와 자신의 생각을 비교하는 활동, 관련 작품을 조사하고 분석하는 활동, 마음에 드는 작품을 골라 소개하는 도슨트 활동, 그리고 자신의 생각과 소중히 여기는 가치를 담은 작품을 만들어 전시하는 활동까지 단계적으로 진행하였습니다.

이처럼 See Think Wonder는 관찰에서 출발해 학생이 직접 질문을 만들어 내도록 돕는 수업 기술입니다. 학생이 생성한 질문을 수업의 중심에 두어 수업의 시작부터 마무리까지 탐구가 이어지도록 합니다. 이 과정에서 학생들의 질문은 학습을 이끌어 가는 출발점이자 탐구의 방향을 잡는 도구가 됩니다.

See Think Wonder 학습지

37. Zoom in

자료의 일부를 자세히 관찰하며 탐구 호기심을 높여요.

학생들의 호기심은 수업의 출발점이 되지만 호기심을 유발하기 위해 다양한 자료를 한꺼번에 제시하면 학생들은 자료의 핵심을 발견하지 못한 채 겉으로 보이는 정보만 훑고 지나가게 됩니다.

Zoom in은 '자세히 들여다본다'라는 뜻처럼 자료의 전체를 처음부터 보여 주지 않고 중요한 부분을 단계적으로 제시하여 세부 요소를 관찰하도록 하는 수업 기술입니다. 새롭게 공개되는 정보에 집중하며 자료를 자세히 관찰하는 과정에서 학생들은 자료의 핵심을 파악하고 탐구 주제를 인식하게 됩니다.

1. 부분 자료 살펴보기

중요 정보를 가린 자료

Zoom in 사진 분석 모습

먼저 그림, 사진, 영상 자료의 중요 정보를 가린 일부를 제시합니다. "위생 모자, 앞치마, 장갑을 하고 있어.", "김장을 하는 것 같아." 학생들은 자료에서 보이는 내용과 떠오르는 생각을 자유롭게 말하고 그 내용을 기록합니다.

2. 새로운 정보 들여다보기

출처: Youtube PRAN–프란

사진 전체를 본 후의 학생 반응

가려졌던 정보를 공개하면 학생들은 다시 자료를 관찰하

며 생각의 전후를 비교합니다. "김장하는 장면인 줄 알았는데 가려진 부분이 쓰레기여서 놀랐어요.", "분리배출이 제대로 되지 않아서 사람이 직접 분류하는 것 같아요.", "우리나라가 분리배출을 얼마나 잘하고 있는지 궁금해요." 교사는 학생의 발표 중 주목할 만한 생각을 강조하며 탐구 주제로 연결합니다.

한 끗 차이

☑ "이것은 무엇일까요?", "어떤 상황일까요?"와 같이 자료에서 집중해야 할 요소와 관련된 질문으로 사고를 촉진할 수 있습니다.

38. T차트

조사한 자료를 체계적으로 정리하고 분석해요.

자료를 조사하고 정리하는 과정에서 인터넷이나 책에서 찾은 정보를 단순히 나열하는 것은 학생들이 스스로 의미를 구성했다고 보기 어렵습니다.

T차트는 정보를 기준에 따라 체계적으로 정리하고 분석하는 수업 기술입니다. 정보의 핵심을 선별하고 공통점과 차이점을 비교·분석하며 정리할 수 있습니다.

1. T차트 그리기

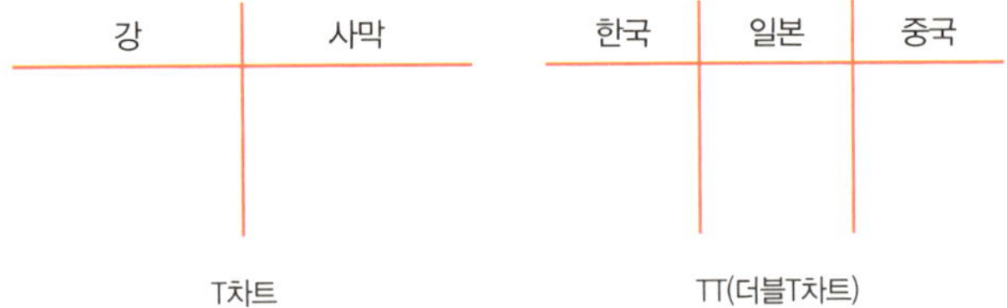

큰 가로선과 세로선으로 T모양을 그려 칸을 나눕니다. 분류 기준의 수에 따라 세로선을 두 개 그리면 TT(더블T), 세 개 그리면 TTT(트리플T)와 같이 확장할 수 있습니다. "조사한 자료를 어떻게 정리하면 좋을까요?", "강과 사막으로 나눠서 정리해요."와 같이 조사할 내용을 파악하고 필요한 T의 개수를 확인하여 그립니다.

2. T차트로 정리하기

강	사막
강은 물이 많다	사막은 물이 매우 없다
강가에는 식물들이 있다	사막에는 선인장말고 식물이 적다.
강은 흙, 모래, 자갈이 있다.	사막에는 모래만 있다.
강에는 여러 생물이 많다.	사막에는 생물이 많이 없다.

T차트로 정리한 강과 사막의 특징

정보를 기준에 따라 분류하고 정리해 T차트에 기록합니다. 각 칸에 정보를 요약하고 정리하면서 자연스럽게 핵심 내용을 파악하게 됩니다.

3. 형태 변형하기(Y차트)

기준이 3개일 때 TT(더블T)차트로 정리해도 되지만 예를 들어 '경제 활동 주체(가계, 기업, 정부)'와 같이 대주제를 세 가지 측면에서 정리할 때는 차트를 Y자 형태로 변형할 수도 있습니다.

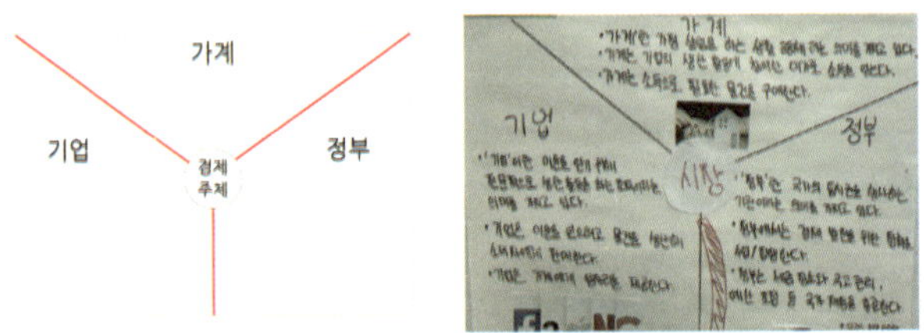

경제의 3주체를 Y차트로 정리하기

한 끗 차이

☑ T차트가 익숙해지면 학생 스스로 필요에 따라 기준을 정해 T차트를 활용할 수 있도록 합니다.

39. PMI

학생들은 주제에 대해 처음 떠올린 아이디어에 고착되는 경우가 많습니다. 그로 인해 자기 생각을 비판적으로 검토하거나 다른 관점에서 바라보는 데 어려움을 겪습니다.

PMI는 Plus(장점), Minus(단점), Interesting(흥미로운 점) 세 가지 측면에서 아이디어를 검토하는 수업 기술입니다. 검토 내용을 바탕으로 기존 아이디어를 발전시킬 수 있습니다.

1. 초기 아이디어 떠올리기

주제에 대한 자기 생각을 자유롭게 이야기하며 아이디어를 떠올립니다. "식물의 특징을 모방한 생활용품을 디자인해 봅시다. 생활 속 문제 상황을 해결할 수 있는 식물의 특징을 떠올려 보세요.", "저는 방 청소를 할 수 있는 생활용품을 만들고 싶어요. 벌레를 잡을 수 있는 소화액을 가진 끈끈이주걱의 특징을 활용하면 좋을 것 같아요."

2. PMI로 검토하기

P(Plus)	M(Minus)	I(Interesting)
장점, 긍정적인 면	단점, 부정적인 면	흥미로운 점

PMI의 요소

초기 아이디어를 바탕으로 완성된 결과물을 PMI(Plus, Minus, Interesting) 세 가지 측면에서 분석하고 정리합니다. PMI는 자신의 아이디어뿐만 아니라 친구의 아이디어를 검토하여 피드백을 제공하는 목적으로 활용할 수 있습니다.

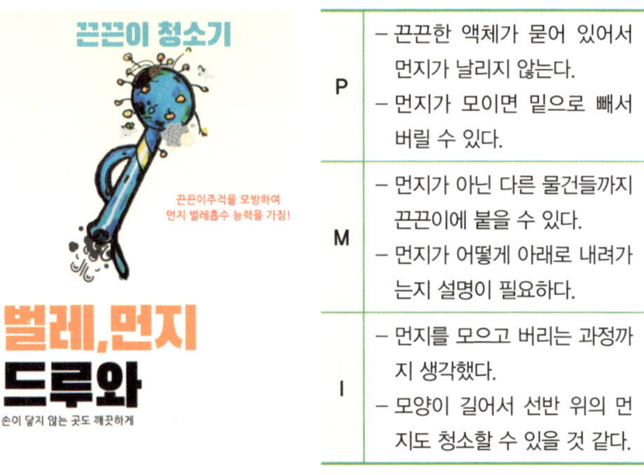

P	– 끈끈한 액체가 묻어 있어서 먼지가 날리지 않는다. – 먼지가 모이면 밑으로 빼서 버릴 수 있다.
M	– 먼지가 아닌 다른 물건들까지 끈끈이에 붙을 수 있다. – 먼지가 어떻게 아래로 내려가는지 설명이 필요하다.
I	– 먼지를 모으고 버리는 과정까지 생각했다. – 모양이 길어서 선반 위의 먼지도 청소할 수 있을 것 같다.

아이디어에 대한 PMI 예시

3. 아이디어 발전시키기

PMI 결과를 바탕으로 아이디어를 수정·보완합니다. 특히 M(Minus)요소를 해결할 수 있는 방법을 구체적으로 고민하며 아이디어를 발전시킵니다.

PMI 학습지

한 끗 차이

☑ PMI 중 I(Interesting)는 수업 내용에 따라 다양하게 활용할 수 있습니다.
1. 발명 아이디어: 흥미롭고 독창적인 점, 기대되는 효과
2. 토론 주제에 대한 찬반 의견: 논의할 만한 추가 질문
3. 문학 작품 속 인물: 인물에 대한 내 생각, 추가 질문

40. Color Symbol Image

추상적인 개념을 비유로 표현하며 이해해요.

'규칙', '공동체'와 같은 추상적인 개념은 스스로 이해했다고 생각하더라도 그 정의나 특징을 자신의 언어로 정리해 표현하기 어렵습니다.

Color Symbol Image(CSI)는 개념이나 주제를 색, 상징, 이미지로 비유해 표현하는 수업 기술입니다. 추상적인 개념을 시각화하여 자신의 이해를 구체적으로 표현하는 과정에서 개념에 대한 이해가 깊어집니다.

1. 사전 지식 또는 학습 내용 떠올리기

CSI는 수업 목적에 따라 두 가지 방식으로 활용할 수 있습니다. 학습을 시작하는 단계에서는 영상, 이미지 등의 자료를 제시한 뒤 개념에 대한 학생의 생각을 표현하도록 하여 사전 지식을 활성화합니다. 학습을 마무리하는 단계에서는 학습 과정을 돌아보며 개념에 대한 이해를 표현하도록 합니다. 이 과정을 통해 교사는 학생들의 개념 이해 정도를 확인할 수 있습니다.

2. CSI로 비유하기

"'규칙'이라는 개념을 생각하면 어떤 색깔이 떠오르나요? 또 '규칙'은 어떤 기호나 상징, 장면으로 표현할 수 있을까요?" 개념에 대한 자신의 이해를 색, 상징, 이미지를 활용해 표현하고 그렇게 표현한 이유를 씁니다.

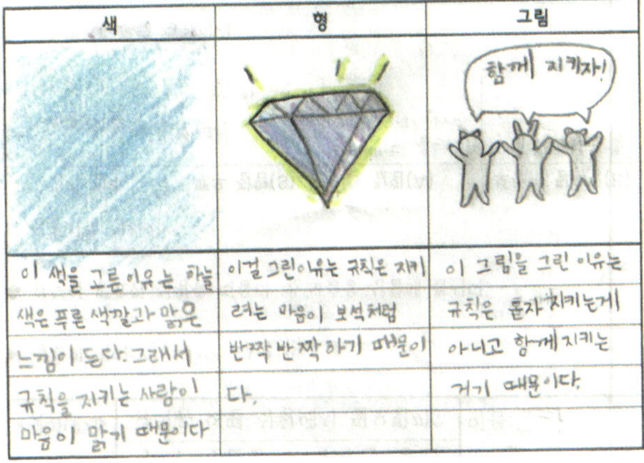

색	형	그림
이 색을 고른 이유는 하늘색은 푸른 색깔과 맑은 느낌이 든다. 그래서 규칙을 지키는 사람이 마음이 맑기 때문이다	이걸 그린 이유는 규칙은 지키려는 마음이 보석처럼 반짝 반짝하기 때문이다.	이 그림을 그린 이유는 규칙은 혼자 지키는게 아니고 함께 지키는 거기 때문이다.

'규칙'의 개념을 CSI 기술로 표현한 사례

3. 공유하기

CSI를 친구에게 공유하며 각 비유의 의미를 설명합니다. "규칙은 공동체가 함께 지켜야 한다는 점에서 사람들을 그려서 표현한 게 이해가 돼." 설명에 대한 의견을 주고받으며 표현한 비유가 개념의 의미와 적절히 연결되었는지 확인하고 평가할 수 있습니다.

CSI 학습지

한 끗 차이

- ✅ Symbol(기호, 상징)은 휴대폰의 아이콘 형태를 떠올리도록 안내하면 학생들의 이해를 도울 수 있습니다.
- ✅ 많은 이미지 카드 중 나의 이해를 나타내는 이미지를 골라 개념에 대한 이해를 표현하도록 할 수도 있습니다.

41. 분필 대화

조용히 사고하며 글로 생각을 주고받아요.

　주제에 대해 생각할 시간이 충분히 주어지지 않고 곧바로 이야기를 나누게 되면 학생들은 즉흥적으로 떠오르는 의견만 공유하게 됩니다. 또 다른 친구와 생각을 주고받기보다 자신의 생각을 말하는 데만 집중하게 되어 사고가 깊어지기 어렵습니다.

　분필 대화(Chalk Talk)는 말하지 않고 조용히 글로 대화하며 생각을 주고받는 수업 기술입니다. 말로 즉각적인 반응을 하기보다 조용히 생각을 정리해 표현하고 글로 의견을 주고받으며 쌓인 생각은 사고의 깊이를 만들어 줍니다.

1. 주제 제시하기

　교사가 제시한 분필 대화 주제를 모둠 종이의 가운데에 크게 씁니다. 주제는 사전 지식이 부족해도 아이디어를 떠올릴 수 있고 다양한 관점으로 생각할 수 있는 것으로 제시합니다.

2. 주제에 대한 생각 쓰기

"분필 대화를 시작해 봅시다. 분필 대화를 할 때는 말하지 않고 연필로만 대화합니다. 그리고 내가 쓴 생각을 친구가 읽고 이해할 수 있도록 써야 합니다." 주제가 적힌 종이 위에 자유롭게 자신의 생각을 글로 남깁니다.

3. 친구의 생각 읽고 의견 나누기

친구의 생각에 공감, 보충, 질문 내용을 글로 쓰며 서로의 생각을 계속해서 주고받습니다. 저학년의 경우 의견을 나누는 것이 어려울 수 있으므로 교사가 순회하며 "왜 이렇게 생각했나요?", "이 부분을 구체적으로 설명해 줄 수 있나요?"와 같은 질문으로 지원합니다.

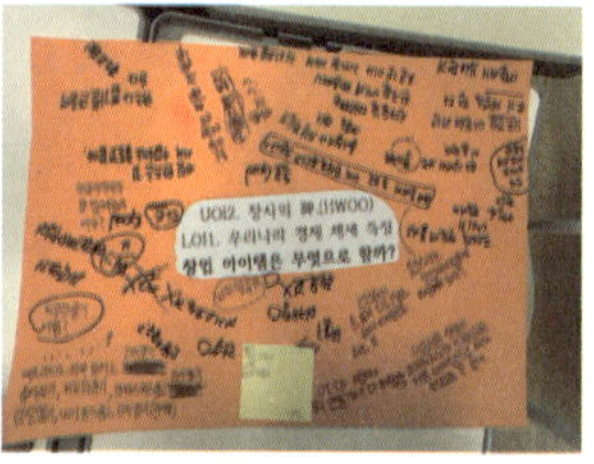

분필 대화로 창업 아이템을 선정하는 모습

- ✔ ＋(보충의견), ♡(공감, 감정 표현), ?(질문) 등 아이콘을 활용하면 의견에 대한 반응을 한눈에 파악할 수 있습니다.
- ✔ 순회 지도 과정에서 교사는 말로 개입하기보다 학생의 글 옆에 짧은 질문이나 기호만 덧붙여 보세요. 활동의 흐름을 끊지 않으면서도 학생의 사고를 자연스럽게 확장할 수 있습니다.

42. 만약에 질문

탐구가 깊이 있게 이루어지려면 학생 스스로 궁금증을 가지는 것이 필요합니다. 그러나 많은 경우 교사의 계획대로 탐구가 시작되어 학생이 주제에 대해 생각하며 호기심을 가질 기회가 부족합니다.

만약에 질문은 주제에 대해 '만약에'라는 상황을 던져 생각을 나누는 수업 기술입니다. 학생들은 주제의 핵심 요소를 상상하며 깊이 사고함으로써 자연스럽게 탐구에 호기심을 가지게 됩니다.

· 만약에 무인도에 가서 살게 된다면
  혼자살기와 같이 살기 중 무엇을 선택할 것인가요?

저는 누군가와 같이살기를 선택할 것입니다
왜냐하면 먼저 혼자가면 너무 외로울 것입니다.
하지만 누군가와 같이살면 서로 위로해주고
자신이 알고있는 사실을 같이 간 친구에게
알려줄 수 있어 더 현명한 선택을 할수 있기
때문입니다

상상력을 발휘할 수 있는 '만약에 질문'의 사례

"만약에 무인도에 가서 살게 된다면 혼자 살기와 같이 살기 중 무엇을 선택할 것인가요?"라는 만약에 질문을 시작으로 학생들의 상상력과 사고를 자극할 수 있습니다. "친구랑 같이 무인도에 가고 싶어요. 왜냐하면 혼자 가면 너무 심심할 것 같아요.", "의사 선생님이 같이 가면 아플 때 도움받을 수 있을 것 같아요." 만약에 질문에는 정답이 없음을 안내하며 자유로운 분위기에서 다양한 생각을 하도록 돕습니다.

2. 서로의 생각 나누기

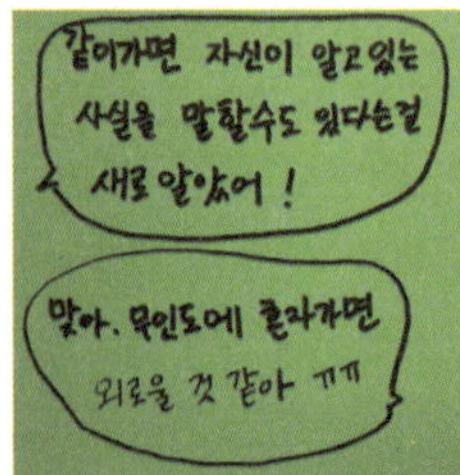

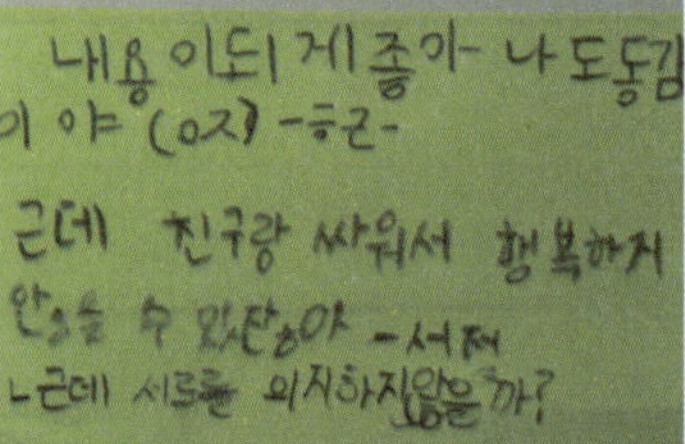

'만약에 질문'에 대한 서로의 생각 공유하기

서로의 생각에 공감되거나 궁금한 점을 주고받습니다. 나와 다른 관점을 새롭게 접하고 의견을 나누는 과정을 통해 생각을 확장합니다.

3. 탐구 주제로 연결하기

떠올린 생각들을 탐구 주제로 연결합니다. "생각을 나누어 보니 어떤 탐구를 해 보고 싶나요?", "사람들이 어떤 도움을 주고받으면서 살아가는지 탐구하면 좋겠습니다."

한 끗 차이

✔ 저학년의 경우 생각을 발표하며 말로 의견을 주고받고, 고학년의 경우 생각을 글로 쓴 뒤 서로 읽으며 의견을 주고받도록 합니다.

43. Claim Support Question

세 단계로 주장에 대한 논리적 근거를 찾아요.

자신의 생각을 말하는 상황에서 많은 학생이 "그냥 그렇게 생각해요."라고 답하며 자신의 주장을 뒷받침할 근거를 깊이 고민하지 않습니다. 단순히 "주장과 근거를 함께 이야기하세요."라고 지도하면 주장을 충분히 뒷받침하지 않는 근거를 제시하는 경우가 많습니다.

Claim Support Question(CSQ)은 주장을 세우고 근거로 생각을 뒷받침하며 마지막에 질문을 던져 사고를 확장하는 수업 기술입니다. 세 단계를 거치며 자신의 생각을 구조화하여 설명하고 질문으로 사고를 넓힐 수 있습니다.

1. Claim (주장하기)

"고대 이집트 사람들은 피라미드의 돌을 어떻게 옮겼을까요?" 학생들은 피라미드의 크기와 돌의 무게를 살펴보고 주장을 세웁니다. "통나무를 깔고 굴려서 옮겼을 것 같아요."

학생들은 주제나 질문에 대한 생각을 문장으로 표현합니다.

2. Support(근거 제시하기)

이어서 주장을 뒷받침할 근거를 제시합니다. "무거운 돌을 그대로 들 수 없으니까 굴렸을 것 같아요."와 같이 자신의 주장에 대한 구체적인 이유나 증거를 제시하며 논리성을 높입니다.

3. Question(질문하기)

자신의 주장과 근거에 대해 질문을 던지며 생각을 확장합니다. "돌이 엄청나게 크고 무거웠다면 통나무로 어떻게 옮길 수 있었을까? 같은 질문을 통해 자신의 주장을 비판적으로 생각하도록 돕습니다. 단순히 주장과 근거를 말하는 데서 그치지 않고 그에 대한 질문을 던지는 과정에서 자신의 주장과 근거를 점검하고 사고를 넓힙니다.

주장	저는 이집트 사람들이 ~해 돌을 옮겼다고 생각해요.
근거	왜냐하면 ~이기 때문이에요.
질문	정말 ~했다면, 왜 ~일까요?

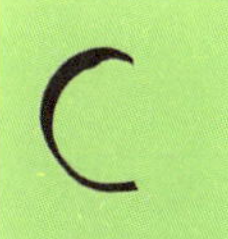

이집트 사람들이 통나무를 바닥에 깔고
돌을 굴려서 옮겼다고 생각합니다.

왜냐하면 큰 돌은 무거워서
그대로 들지 못하기 때문입니다.

정말 돌이 크고 무거웠다면
통나무 만으로 옮길 수 있었을까요?

'고대 이집트 사람들은 피라미드의 돌을 어떻게 옮겼을까?'에 대한 생각을
CSQ로 정리한 사례

CSQ 학습지

한 끗 차이

✔ Q단계에서 '다섯 차례 왜[11]'로 자신의 주장에 대한 근거를 더 깊이
있게 점검할 수 있어요.

---

11) 206쪽의 '다섯 차례 왜'와 함께 활용해 보세요.

수업 기술	CSQ		
대상	초등학교 2학년	교과	통합 (슬기로운 생활)
성취기준	[2슬04-01] 생활도구의 모양이나 기능을 탐색하고 바꾸어 본다.		
수업 목표	물건의 모양을 보고 쓰임새 상상하기		
적용 의도	물건의 모양을 관찰하여 용도를 추론하고 그 이유에 대해 비판적이고 논리적으로 사고하기 위해		

이 수업은 물건의 모양을 자세히 살펴보고 무엇에 쓰는 물건인지 짐작해 보는 활동으로 시작합니다. 정답을 맞히는 것이 목적이 아니라 왜 그렇게 생각했는지가 중요합니다. 물건의 생김새에 담긴 단서를 찾아 용도를 추론하는 데에 초점을 두었습니다. 이를 통해 물건의 생김새에서 찾을 수 있는 작은 특징까지 관찰하는 경험을 쌓고자 했습니다.

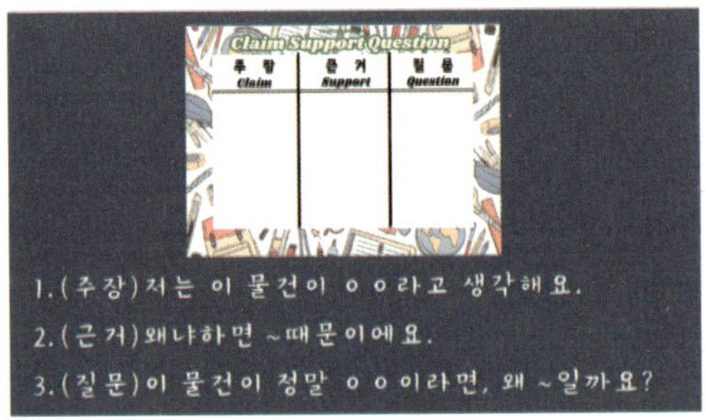

CSQ 학습지 – 물건의 쓰임새 상상하기

Claim **단계**에서는 "이 물건은 ○○이라고 생각해요."와 같이 관찰을 바탕으로 자신의 주장을 제시합니다. **Support 단계**에서는 "왜냐하면 ~때문이에요."처럼 이유를 덧붙입니다. Question **단계**에서는 "이 물건이 정말 ~라면 왜 ~일까요?"와 같은 질문을 통해 자신의 주장에 대한 근거를 비판적으로 돌아봅니다.

이동식 쓰레기통을 예시로 들면 다음과 같은 의견이 나올 수 있습니다.

CSQ로 이동식 쓰레기통의 쓰임새 상상하기

이후 초음파 해충퇴치기기, 샌드위치 메이커, 전화기, 페이퍼 나이프를 살펴보며 활동을 이어 갑니다. 물건의 이름을 알기 전과 후를 비교하며 관찰한 특징이 실제 용도와 어떻게 연결되는지도 함께 확인합니다.

CSQ로 물건의 쓰임새 상상하기 활동

"모양을 자세히 보니까 어디에 쓰는 물건인지 알 것 같아요."

"작은 부분이 힌트가 된다는 걸 알았어요."

여러 물건을 관찰하고 쓰임새와 연결하며 생김새 하나하나가 사용 목적과 이어져 있다는 점을 자연스럽게 알게 되었습니다.

이 수업을 통해 물건의 모양은 우연히 만들어진 것이 아니라 사용 목적을 바탕으로 결정된다는 점을 이해하게 됩니다. 관찰한 내용을 근거로 생각을 말하고 다시 질문해 보는 과정은 이후 발명이나 설계 활동의 기초가 됩니다.

44. 관점 나침반

다양한 관점으로 검토하고 더 나은 의견을 제안해요.

토론을 하다 보면 '무조건 찬성'이나 '절대 반대'처럼 흑백 논리에 머무르며 기존 입장을 절대로 바꾸지 않으려는 경우가 있습니다. 이러한 단편적 사고는 건강한 토론과 문제 해결을 어렵게 만들고 합리적인 선택을 할 수 없게 합니다.

관점 나침반(Compass Points)은 동서남북을 살피듯 긍정적 측면(E), 우려되는 부분(W), 더 필요한 정보(N)를 다각도로 검토하여 사고의 균형을 잡아주는 효과적인 수업 기술입니다. 또한 의견에 대한 대안(S)을 제시하며 성숙한 의사결정자로 성장하도록 돕습니다.

1. 사고 멈추기

주제에 대한 자기 생각을 답할 때 고민할 시간이 부족하면 즉흥적인 감정이나 익숙한 고정관념으로 판단하기 쉽습니다. 처음에 든 생각이 바로 결론이 되지 않도록 잠시 사고를 멈추고 생각할 시간을 가집니다.

2. 다각도로 탐색하기(E-W-N)

동	East	Excited	기대되는 점은 무엇인가?
서	West	Worrisome	문제나 도전 상황은 무엇인가?
북	North	Need to know	더 알아야 할 사실, 정보는 무엇인가?

E-W-N 기준에 따라 주제에 대한 현실적인 문제들을 다각도로 탐색해 봅니다. 예를 들어 동물원의 필요성에 대해 논의하는 경우 동물원이 유지되었을 때 기대되는 점(E), 문제점(W), 동물원에 대한 정보(N)를 정리합니다.

3. 최종 제안하기(S)

남	South	Stance/ Suggestion	어떤 제안을 하고 싶나요?

충분한 탐색을 마쳤다면 정리한 내용을 종합하여 대안을 제시합니다. 합리적인 대안을 제시하는 과정을 통해 학생들은 비판만 하는 수동적 관찰자에서 벗어나 해결책을 만드는 주체적인 기획자로 발돋움할 수 있습니다.

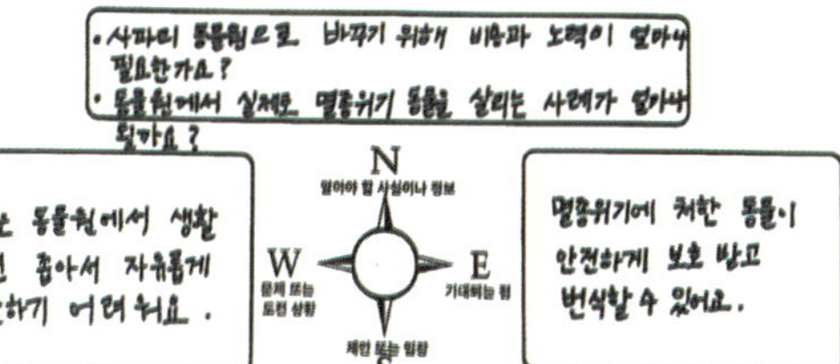

'동물원이 꼭 필요한가?'에 대한 관점 나침반 예시

관점 나침반 학습지

한 끗 차이

☑ T(기대)를 작성할 때에는 주제 자체와 관련하여 기대하는 방향이나 모습을 적어도 되고, 제안(S)이 실현되었을 때 나타나기를 기대하는 모습을 적어도 됩니다.

수업 기술	관점 나침반		
대상	초등학교 3학년	교과	사회
성취기준	[4사03-01] 최근 사회 변화의 양상과 특징을 파악하고, 그로 인해 나타난 생활 모습의 변화를 탐색한다.		
수업 목표	고령화로 달라진 생활 모습 탐색하기		
수업 기술 적용 의도	아이디어나 주제에 대해 다각도로 살펴보고 의견을 제시하기 위해		

이 수업은 3학년 학생들과 함께 고령화로 인한 사회 변화의 모습을 살펴보고 변화로 나타날 수 있는 문제를 발견하며 해결 방안을 모색하는 수업입니다. 이전 차시에서 고령화의 의미를 알아보고 노인 인구 비율이 얼마나 증가했는지 자료로 확인하였습니다. 이후 고령화가 진행되는 주요 원인과 그에 따른 문제점을 찾아보았습니다. 마지막으로 고령화 사회의 대응 방안을 모색하기 위해 모둠원과 함께 **관점 나침반**으로 여러 측면에서 분석하고 입장을 정리하였습니다.

"지난 시간에 살펴본 것처럼 고령화로 인해 우리의 일상생활에는 여러 가지 변화가 나타나고 있어요. 그중에서 어떤 변화가 기억나나요? 오늘은 모둠에서는 한 가지를 골라 더 깊이 알아보려고 합니다."

　모둠 친구들은 지난 시간에 조사한 내용을 떠올리며 어떤 변화를 선택할지 이야기를 나눕니다.

　"혼자 사는 노인이 많아지고 있다는 내용이 있었어."

　"맞아. 그럼 그 문제를 더 알아보면 좋을 것 같아."

　모둠 토의가 끝난 뒤 학생들은 스마트 기기를 활용해 교사가 미리 만들어 둔 온라인 협업 공간에 접속합니다.

　"모둠에서 선택한 문제 상황을 관점 나침반의 W(문제 상황)에 적어주세요. 그리고 N(알아야 할 사실/정보)에는 이 문제와 관련된 구체적인 정보를 찾아 정리해 봅시다."

　학생들은 개별 스마트 기기로 온라인 교실 플랫폼에 올라온 링크에 접속해 과제를 시작합니다.

　"우리는 혼자 사는 노인이 겪는 생활의 어려움을 선택했지? 내가 W(문제 상황)에 적을게."

　"구체적인 정보는 그림이나 그래프를 넣고 관련된 정보를 요약해서 적어보자."

　학생들은 혼자 사는 노인이 겪는 어려움을 검색하며 관련 자료와 구체적인 사례를 찾아 정리하기 시작합니다.

이어 문제를 해결할 수 있는 아이디어를 관점 나침반의 S(제안)에 적도록 합니다. 해당 아이디어를 적용했을 때 기대되는 변화를 E(기대되는 점)에 정리하도록 합니다.

"우리가 찾은 문제점에서 가장 중요한 부분이 무엇인가요?"

"계속 혼자 있다는 점이에요. 혼자 있다 보니 넘어져도 빨리 병원에 가지 못하고 밥도 잘 챙겨 드시지 못하는 것 같아요."

"그래서 우울해질 수밖에 없는 상황인 것 같아요."

"그럼 이 문제를 해결하려면 어떻게 해야 할까요? 사람들과 꾸준히 만날 수 있도록 해야 할 것 같아요."

> 혼자 사는 노인은 혼자 있지 않도록 사람과 꾸준히 만나야 한다고 생각합니다. 그래서 노인들이 갈 수 있는 공간을 마련해 사람들이 모이도록 해야 합니다. 또, 안부를 확인하고 찾아뵙는 서비스를 제공할 필요가 있습니다.

관점 나침반의 각 칸을 채우며 문제를 종합하고 해결 방안을 구체화해 나갑니다. 마지막으로 자신들이 제안한 해결 방법이 가져올 변화를 E에 정리하며 활동을 마무리합니다.

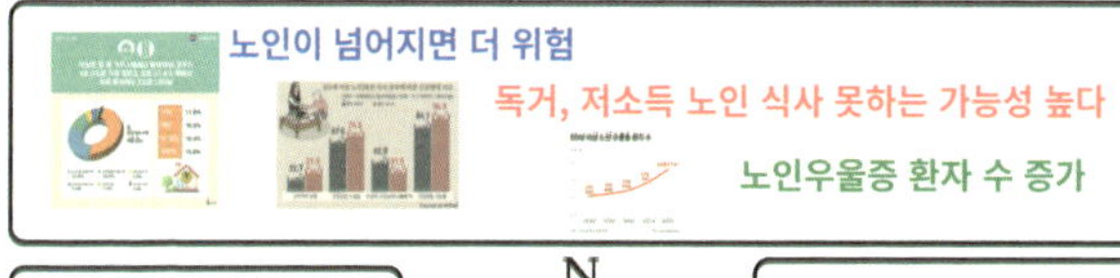

고령화 문제 해결을 위한 관점 나침반

이 수업을 통해 학생들은 문제를 여러 측면에서 분석하고 핵심을 파악하며 적합한 해결 방안을 제안하는 경험을 하게 되었습니다.

45. 다섯 차례 왜

사건이나 상태의 원인을 깊이 분석해요.

"기후 위기는 왜 발생하나요?"라는 질문에 "매연 때문입니다.", "쓰레기를 많이 버려서요."처럼 단순한 원인만 떠오리는 경우가 많습니다. 그러나 문제의 본질을 이해하기 위해서는 깊이 숨겨진 원인까지 분석하는 과정이 필요합니다.

다섯 차례 왜(The 5 Whys)는 '왜?'라는 질문을 반복적으로 던지며 문제의 근본 원인을 찾아가는 수업 기술입니다. '왜?'에 답하며 표면적인 원인에서 근본적인 원인으로 점차 나아가게 됩니다.

1. 문제에 대한 첫 번째 원인 제시하기

'기후 위기는 왜 발생할까요?'와 같은 질문형 또는 '기후 위기가 심각하다.'와 같은 진술형으로 종이 맨 위에 문제를 씁니다. 그 아래에 화살표를 그어 '왜?'라고 쓰고 첫 번째 생각을 답합니다. '공장이나 자동차의 매연이 많기 때문입니다.'

2. 질문 반복하며 답하기

'공장이나 자동차의 매연은 왜 많을까요?' → '사람들이 편한 것을 좋아하고 많은 물건을 소비하기 때문입니다.' 첫 번째 생각에 다시 '왜?'를 묻고 답합니다. 이처럼 스스로 '왜?'를 다섯 번 질문하고 생각을 기록합니다. 질문을 반복할수록 문제의 원인이 점차 구체화되고 근본적인 원인으로 접근하게 됩니다. 이 과정은 개인 또는 모둠으로 진행할 수 있습니다.

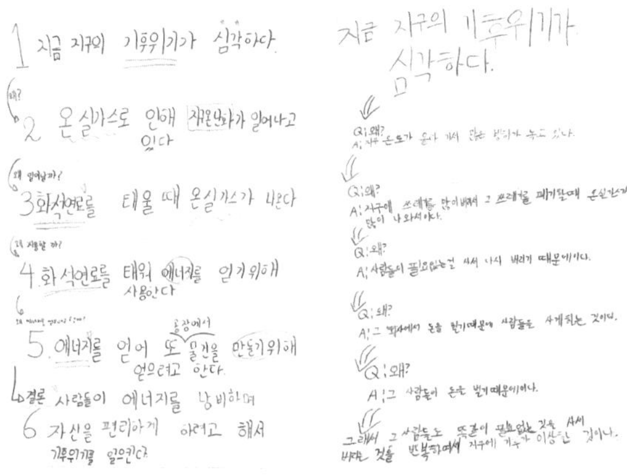

'기후 위기'를 주제로 한 '다섯 차례 왜'의 사례

3. 최종 원인 도출하기

다섯 차례 왜를 통해 최종적으로 발견한 원인을 발표합

니다. "기후 위기가 심각한 이유는 사람들이 삶을 편리하게 하려고 에너지를 낭비하기 때문이다.", "기후 위기가 심각한 이유는 필요 없는 것을 사고 버리는 것을 반복하기 때문이다." 사고 과정을 되짚으며 최종 원인을 설명하면 도출된 최종 원인이 본질적인 원인이 맞는지 한 번 더 검토할 수 있습니다. 또한 다른 사람이 도출한 최종 원인과 비교하는 과정을 통해 다양한 관점을 발견하고 자기 의견을 보완할 수 있습니다.

다섯 차례 왜 학습지

한 끗 차이

- ☑ '왜'에 대해 답을 하지 못하는 경우 다시 자료 조사를 하거나 책을 살펴보는 등 학습 내용을 익히는 과정으로 돌아갑니다.
- ☑ 학생의 사고 수준이나 학년, 과제의 특성을 고려하여 '왜'를 반복하는 횟수를 조정할 수 있습니다.

46. 321 Bridge

학습 전후를 비교하며 사고의 변화를 확인해요.

학습 전의 자기 생각이 학습 후에 어떻게 달라졌는지 시각화하지 않으면 스스로 변화를 인식하기 어렵습니다. 처음에 어떤 생각을 하고 있었는지 기록하지 않으면 나중에 남은 생각이 처음 생각과 어떻게 달라졌는지 비교하기 힘듭니다.

321 Bridge는 주제에 대해 3개의 낱말, 2개의 질문, 1개의 비유를 학습 전후로 기록하여 사고의 변화를 시각화하는 수업 기술입니다. 사고의 전후를 연결해 비교하면서 이번 학습에서 사고가 어떻게 생성, 변화, 확장되었는지 스스로 파악하게 됩니다.

1. 초기 사고 기록하기

"김홍도의 〈서당〉을 자유롭게 감상하며 떠오르는 낱말 3개, 질문 2개, 비유 1개를 활동지 왼쪽에 적어 봅시다." 작품이나 텍스트에 대한 초기 사고를 기록할 때는 사전 지식을 바탕으로 현재 드는 생각을 직관적으로 작성합니다.

2. 탐구 후 사고 기록하기

시대적 배경, 조형 요소, 작품 속 인물 등 관점을 정해 작품을 감상한 뒤 다시 낱말 3개, 질문 2개, 비유 1개를 활동지 오른쪽에 작성합니다. 초기 사고와 달리 작품이나 텍스트 등 자료에 대한 깊이 있는 사고와 구체적 분석이 반영됩니다.

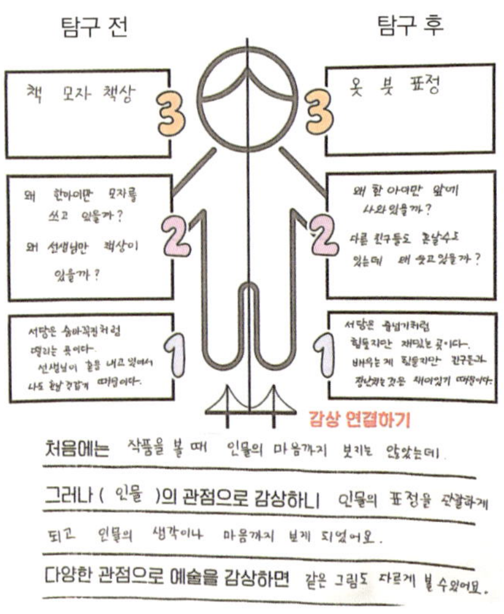

'다양한 관점'으로 예술 작품을 감상하기 전과 후의 생각 비교

3. 다리로 사고 연결하기

321 Bridge에서 가장 중요한 다리 역할을 하는 단계입니다. 학생들은 탐구 전후의 응답을 비교하며 연결되는 지점과 변화한 지점을 글로 기록합니다. "특정 관점을 가지고 작품을 감상하니 어떤 점이 새롭게 보이나요?"와 같은 질문으로 사고의 변화를 인식할 수 있도록 돕습니다. 사고의 변화를 포착하고 지식과 이해가 재구성되는 과정을 성찰함으로써 학생들은 자신의 학습 과정을 점검하는 동시에 확장해 나가게 됩니다.

321 Bridge 학습지

한 끗 차이

✔ 사고를 연결할 때 '처음에는~, 지금은~', '예전에는~, 이제는~' 등의 문장틀을 제시하면 사고의 변화를 쉽게 정리할 수 있습니다.

47. 해시태그

모든 학생의 생각을 한눈에 모아 확인해요.

학습을 정리할 때 "오늘 배운 내용을 간단히 말해 볼까요?"라는 질문에 우리 반에서 자주 발표하는 학생들의 모습을 떠올려 보세요. 몇 명이 생각나시나요? 아마도 손에 꼽히는 몇 명이 자연스럽게 떠오르실 것입니다. 특정 학생의 발표가 반복될 경우 다른 학생들의 사고 표현 기회가 제한될 수 있습니다. 한 사람씩 발표하는 방식으로는 우리 반 전체 학생 개개인의 이해도를 점검하거나 반 전체의 생각을 파악하기가 쉽지 않습니다.

해시태그는 SNS에 해시태그(#)를 달 듯이 학습 내용의 핵심을 하나의 낱말 즉, 키워드로 표현하는 수업 기술입니다. 각자 작성한 키워드를 한곳에 모아 살펴보면 특정 학생에 국한되지 않고 우리 반의 모든 학생이 자신의 생각을 표현할 기회를 갖게 됩니다. 또한 반 전체의 생각과 학습의 핵심 내용을 한눈에 파악할 수 있습니다.

1. 키워드로 학습 정리하기

"오늘 배운 내용을 낱말 하나로 어떻게 표현할 수 있을까요? 왕건이 통일을 이룰 수 있었던 이유를 낱말로 써 봅시다." 학생들은 가장 중요하다고 생각하는 학습 키워드를 포스트잇에 가득 차도록 크게 씁니다.

2. 키워드를 모아 시각화하기

작성한 포스트잇을 칠판에 붙입니다. 학생들이 포스트잇을 직접 붙이는 동안 교사는 비슷한 키워드끼리 자연스럽게 분류합니다. 학생들의 생각을 모은 빅데이터를 함께 살펴보며 생각의 경향성을 확인합니다.

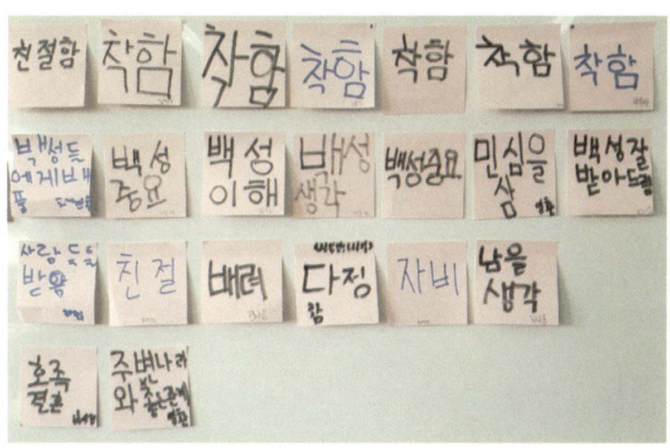

왕건이 통일을 이룰 수 있었던 이유를 해시태그로 정리하기

3. 키워드로 학습 정리하기

많이 나온 키워드를 중심으로 의견을 나눕니다. "왕건은 선한 인품과 백성들을 생각하는 마음 때문에 통일을 이룰 수 있었던 것 같아요." 교사의 설명 없이도 학생 스스로 경향성을 파악해 학습을 정리할 수 있습니다.

"'주변 나라와 좋은 관계'라는 의견도 있네요. 왜 그렇게 생각했나요?"와 같이 소수 의견도 살펴보며 학생들에게 새로운 관점을 제공할 수 있습니다.

한 끗 차이

☑ 해당 키워드를 선택한 이유를 질문하고 답하며 키워드를 수정할 기회를 줍니다. 이를 통해 조금 더 합리적인 생각을 도출할 수 있습니다.

수업 기술	해시태그		
대상	초등학교 5학년	**교과**	사회
성취기준	[6사05–01] 조선 시대 사람들의 생각과 생활에 유교 문화가 미친 영향을 파악한다.		
수업 목표	세종대왕의 애민정신 이해하기		
수업 기술 적용 의도	세종대왕의 업적을 살펴보고 학생들이 작성한 키워드를 한 눈에 파악하기 위해		

이 수업은 세종대왕의 업적을 살펴보고 그 안에 담긴 공통점을 찾아보는 활동으로 구성되었습니다. 세종대왕은 국방, 문화, 과학 등 다양한 분야에서 많은 업적을 남긴 인물입니다. 이에 업적을 살펴보고 분류하여 공통점을 찾아 정리해 보았습니다.

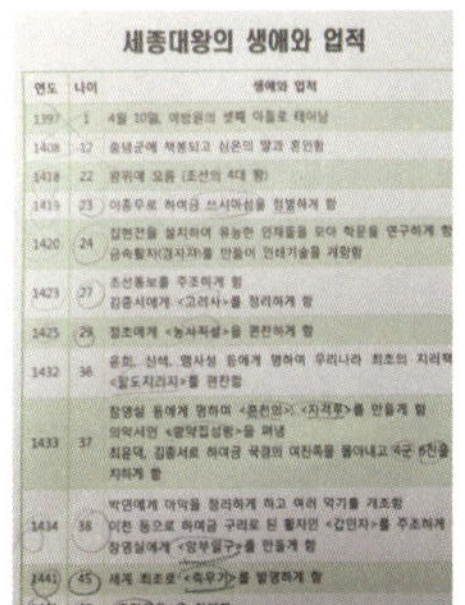
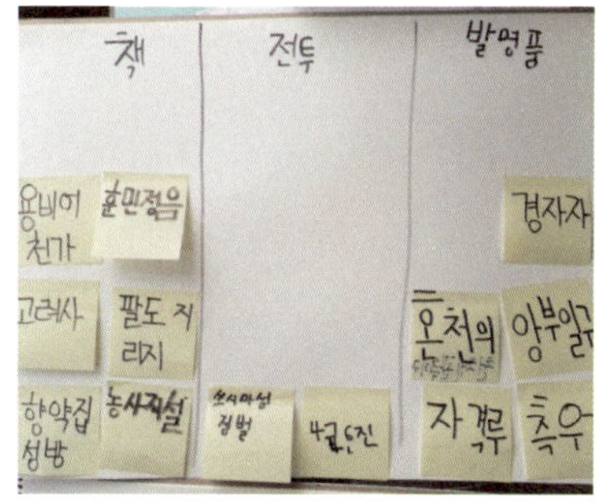

세종대왕의 생애와 업적 분류하기

먼저 세종대왕의 생애와 업적에 대한 연표를 보고 업적을 찾아 포스트잇에 크게 씁니다. 다음으로 모둠에서 기준을 정하고 업적을 분류하였습니다. 분류 과정에서 각 업적이 어디에 속하는지 헷갈리는 경우에는 자료를 찾아 확인합니다. 마지막으로 여러 모둠의 분류 결과를 함께 살펴보고 가장 명확하게 분류할 수 있는 국방, 문화, 과학 세 가지 기준으로 다시 분류하기로 하였습니다.

다음 단계에서는 국방, 문화, 과학 세 가지로 분류된 업적 중 과학 분야만 따로 모아 공통점을 찾아보았습니다. 농사직설, 측우기, 혼천의, 앙부일구, 자격루의 공통점을 하나의 낱말로 표현하는 **해시태그** 활동을 하였습니다. 작성한 해시태그를 보고 질문을 주고받으며 적절한 키워드를 찾아냅니다.

"시간은 어떤 이유로 위 업적들의 공통점이 되나요?"
"앙부일구, 자격루가 시계이기 때문입니다."
"그렇다면 측우기도 시간과 관련이 되어 있나요?"
"……."
"업적의 공통점을 잘 찾기 어렵다면 측우기, 자격루와 같은 것들이 왜 만들어졌을지 생각해 보세요."

이후 학생들은 '농사'를 위해서라는 공통된 키워드를 뽑아
냅니다.

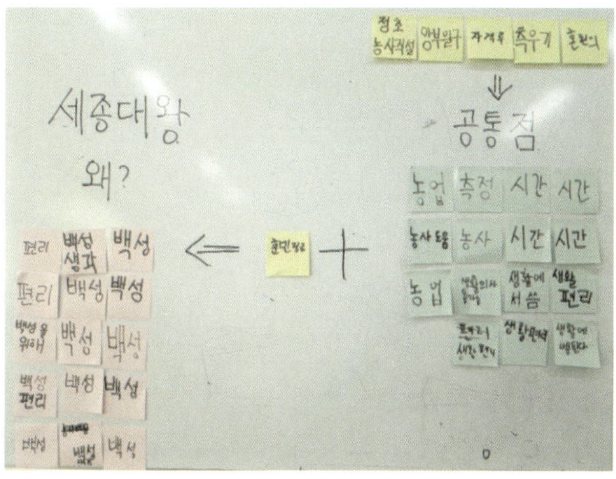

세종대왕은 훈민정음을 왜 만들었을까?

마지막으로 훈민정음을 왜 만들었을지 다시 한번 해시태
그 활동을 해 보았습니다. '백성을 생각하는 마음'이라는 의
견이 자연스럽게 모였습니다. 이처럼 세종대왕의 다양한 업
적이 결국 백성을 위한 선택이었다는 점을 이해하는 과정이
었습니다.

이 수업에서는 해시태그 활동을 통해 세종대왕의 다양한

업적을 한눈에 살펴볼 수 있었습니다. 각자가 생각한 핵심을 하나의 낱말로 표현함으로써 모든 학생이 수업 정리에 참여하고 수업 내용에 대한 이해도를 높일 수 있습니다.

48. Headline

많은 정보를 종합하여 핵심을 짚어내요.

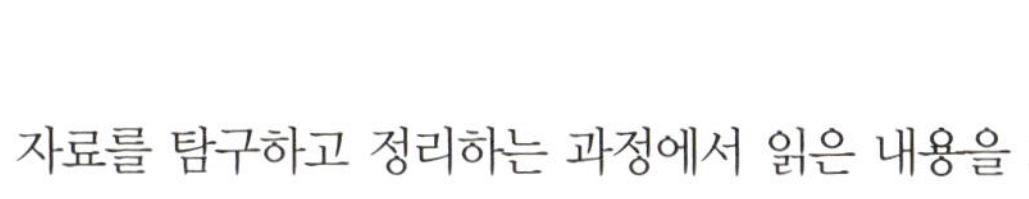

　자료를 탐구하고 정리하는 과정에서 읽은 내용을 그대로 나열하는 경우가 많습니다. 여러 정보를 접하면서 무엇이 핵심인지 파악하지 못하면 학습의 방향이 흐려집니다.

　Headline은 신문 기사 제목처럼 정보의 핵심을 찾고 종합하여 한 줄로 표현하는 수업 기술입니다. 자료의 핵심을 추출하고 중요한 내용을 요약해 표현하는 과정에서 정보를 분류하고 종합하는 능력이 길러지며 학습 내용을 명확하게 정리할 수 있습니다.

1. 자료 탐색하기

　먼저 글을 읽거나 영상을 보는 등의 학습자료를 탐색하며 핵심 낱말 3~4개를 찾습니다. 예를 들어 이순신과 관련된 자료를 탐색하고 '충무공, 거북선, 리더십' 등과 같은 키워드를 찾을 수 있습니다.

2. 신문 기사 제목 작성하기

추출한 키워드를 바탕으로 핵심 내용을 정리합니다. "이순신은 군사를 지휘하는 통솔력을 가진 사람으로 나라에 큰 공을 세웠어.", "거북선 기존의 배와 다르게 만들어져 상대의 전술을 무력화했어." 이후 정리된 내용을 종합해 한 줄로 요약하여 신문 기사 제목을 작성합니다. 아래의 기준을 참고해 제목을 구성하도록 안내합니다.

기준	내용
명확성	제목만 보아도 주요 내용을 파악할 수 있어야 합니다.
간결성	핵심 정보만 포함하여 짧고 명료하게 표현합니다.
주요 사실 강조	가장 중요한 사실이나 의미를 강조해야 합니다

Headline 작성 기준

이순신 장군에 관한 자료를 읽고 난 후 작성한 Headline

3. 근거 제시하기

제목을 뒷받침할 근거를 한두 가지 덧붙이도록 합니다. "제목을 이렇게 정한 이유가 무엇인가요?"와 같은 질문으로 학습 내용을 어떻게 이해하고 요약했는지 확인할 수 있습니다.

한 끗 차이

✔ 다양한 신문 기사에서 제목을 찾아보고 좋은 신문 기사 제목을 구별해 보는 수업을 먼저 하면 Headline 활동의 어려움을 줄일 수 있습니다.

▶ 수업 스케치

수업 기술	Headline		
대상	초등학교 3학년	교과	도덕
성취기준	[4도01–03] 성실한 생활의 모범 사례를 탐색하고 시간 관리를 위한 생활을 계획하여 지속적인 자기 성장을 모색한다.		
수업 목표	성실한 생활의 의미 구성하기		
수업 기술 적용 의도	성실한 삶의 태도를 보여 준 인물에 대한 이해 정도와 관점을 한 문장으로 명확하게 표현하기 위해		

이 수업은 3학년 학생들과 성실한 생활의 모범 사례를 통해 성실의 의미를 구성하고자 했습니다. 학생들은 성실한 생활을 실천한 사람을 선정하여 모범 사례를 조사하고 성실의 의미를 한 문장으로 표현하게 됩니다. '성실'이라는 덕목이 나에게 어떤 의미인지 명확하게 표현하기 위해 Headline을 활용했습니다.

학생들은 조사한 내용을 바탕으로 그 인물의 성실함을 보여 주는 행동과 말을 분류합니다.

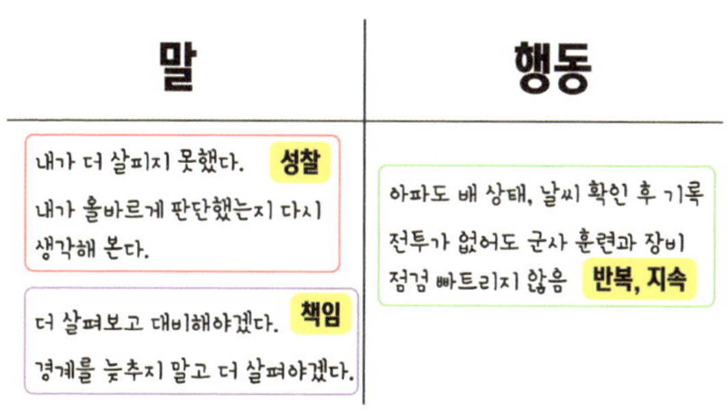

인물의 성실함을 보여주는 말과 행동 분류

분류한 구체적인 말과 행동을 성실의 요소(성찰, 책임, 반복, 지속 등)로 묶어 봅니다.

"불안하고 힘든 순간에도 이순신 장군님은 꾸준히 기록하셨어. 이 부분은 지속성과 연결돼."

"매일 쉬지 않고 예식장을 운영하신 백낙삼 할아버지의 행동은 자신의 직업에 대한 책임감을 가지고 예식이 필요한 사람들을 돕고자 한 것 같아."

"여러분이 뽑아낸 핵심 요소를 바탕으로 신문 기사 제목을 만들어 봅시다. 내가 이해한 '성실'의 의미를 한 문장으로 종합해서 Headline을 작성해 보세요."

이순신 장군의 삶에서 성실을 배우다!
성찰하는 기록, 책임지는 리더십, 지속하는 실천

내가 이 문장을 선택한 이유는 이순신 장군의 삶에서 성실함이 어떻게 나타나는지 알 수 있었기 **때문이다.** 이순신 장군은 바쁜 전쟁 중에도 자신의 하루를 기록하며 잘한 점과 부족한 점을 돌아보았다. **또** 어려운 일이 생겨도 다른 사람을 탓하지 않고, 장군으로서의 책임을 끝까지 지켰다. 힘들고 아픈 날에도 해야 할 일을 멈추지 않는 모습을 보며, 나는 성실함이 하루하루 계속 실천하는 것이라는 것을 배웠다. **그래서** '성찰하는 기록, 책임지는 리더십, 지속하는 실천'이라는 말이 이순신 장군의 삶을 잘 나타낸다고 생각한다.

성실에 대한 내 이해를 보여주는 Headline과 그 이유

Headline으로 의미를 구성할 수 있다는 것은 학습 내용을 깊이 이해했다는 것과 연결됩니다. 학생들은 학습 활동이나 경험을 통해 내용을 충분히 파악한 후 핵심 낱말을 추출하여 요약하고 Headline으로 정리하면서 고차원적 사고 방법을 익히게 됩니다.

49. 4C

"깊이 생각해 보세요."라는 말은 무엇을, 어떻게 생각해야 할지 막막하게 만들기도 합니다. 사고의 방향을 안내하지 않고 단순히 사고의 깊이를 요구하는 것은 오히려 사고를 멈추게 만듭니다.

4C는 연결(Connect), 도전(Challenge), 개념(Concepts), 변화(Changes)의 관점을 제공하여 깊이 사고하도록 돕는 수업 기술입니다. 4C는 주로 텍스트를 읽고 정리할 때 활용하지만 자료의 관찰, 탐구, 조사에도 폭넓게 적용할 수 있습니다.

1. 4C 질문 구성하기

교사는 학습 목표에 따라 4C 질문을 구성하고 안내합니다.

Connect(연결)	Concept(개념)
이미 알고 있는 내용	이 주제와 관련된 개념
Challenge(도전)	Change(변화)
더 궁금한 점	새롭게 알게 된 것

4C의 의미

'사막 환경의 특징'을 탐구할 때 '(연결)사막과 관련해 이미 알고 있는 것은?', '(개념)사막 환경의 특징과 관련된 개념은?', '(도전)사막 환경에 대해 더 궁금한 부분은?', '(변화)사막 환경을 조사하며 새롭게 알게 된 것은?'과 같은 구체적인 질문을 제시할 수 있습니다.

2. 4C로 사고 정리하기

학생들은 자료를 조사하고 4C 질문에 따라 사고를 기록합니다. 이 과정은 단순히 정보를 수집하는 것을 넘어 사고를 구조화하고 그 폭과 깊이를 확장해 가도록 돕습니다.

3. 사고 결과 공유하기

정리한 4C 내용을 짝·모둠 또는 전체 공유하며 서로의 사고를 비교해 봅니다. 친구의 의견을 들은 뒤 자신의 4C를 보완하도록 하면 사고가 한 번 더 확장됩니다.

'환경' 개념을 4C로 분석한 결과

4C 학습지

한 끗 차이

✅ 4C 중에서도 개념(Concept)과 변화(Change) 단계가 핵심입니다.
작성 과정과 결과물로 학생의 이해를 확인할 수 있습니다.

✅ 개념을 도출하기 어려워하면 짝 대화나 모둠·반 전체 토의를 거쳐
함께 개념을 뽑아내고 질문을 만들 수 있습니다.

▶ 수업 스케치

수업 기술	4C		
대상	초등학교 3학년	**교과**	과학
성취기준	[4과01–04] 지레, 빗면과 같은 도구를 이용하면 물체를 들어 올릴 때 드는 힘의 크기가 달라짐을 알고, 도구가 일상생활에서 어떻게 쓰이는지 조사하여 공유할 수 있다.		
수업 목표	지레와 빗면을 이용한 도구 조사하기		
수업 기술 적용 의도	조사 내용을 공유할 때 기존 생각과 연결하고 깊이 있는 생각으로 발전시키기 위해		

이 수업은 3학년 학생들이 도구를 활용하면 물체를 들어 올릴 때 필요한 힘이 줄어든다는 사실을 아는 것으로 시작합니다. 실험을 통해 도구를 활용하였을 때 힘의 작용을 확인하고 일상생활 속 도구를 조사하여 실제 사례와 과학적 개념을 연결하는 것을 목표로 합니다. 이 과정에서 4C를 활용해 질문을 떠올리고 생각을 체계적으로 정리하도록 하였습니다.

"지레와 빗면에 대해 알고 있는 것이 있나요? 또는 지레나 빗면을 사용한 도구를 알고 있다면 말해 보세요."

"지레는 긴 막대를 써서 무거운 것을 쉽게 드는 거예요."

"휠체어가 다니는 경사로는 빗면이에요."

"무거운 짐을 트럭에 올릴 때 경사판을 쓰는 걸 봤어요."

학생들은 이미 알고 있는 내용을 '연결'의 C에 적습니다.

"지레와 빗면을 활용하면 무엇이 줄어들까요?"

"우리가 사용하는 힘이요."

"지레와 빗면을 생각할 때는 힘이라는 개념으로 생각해야 해요. '개념'의 C에 힘을 적고 힘과 관련해 지레, 빗면, 도구에 대해 궁금한 점을 질문으로 적어 보세요."

Concept(개념) 추출 및 관련 질문 생성 예시

힘과 관련된 질문을 해결하기 위해 조사 활동을 시작합니다. 궁금증을 해결하는 과정에서 새롭게 알게 된 내용은 '변화'의 C에 기록합니다. 조사하며 잘 이해되지 않거나 더 궁금해진 점은 '도전'의 C에 정리합니다.

힘을 줄여주는 도구에 대한 4C 결과물 예시

이처럼 4C는 이미 알고 있던 내용을 바탕으로 사전 지식을 점검하고 핵심 개념을 중심으로 탐구 질문을 만들며 조사 결과를 자신의 말로 정리하도록 돕습니다. 나아가 이해가 부족한 부분이나 새로운 궁금증을 추가 탐구로 이어지게 하여 학생 스스로 학습을 이어 가는 데 도움을 주는 사고 정리 기술입니다.

50. 개념 네트워킹

개념 사이의 관계를 연결하며 이해해요.

깊이 있는 이해는 여러 개념을 연결하여 자신의 언어로 그 관계를 표현할 때 이루어집니다. 개별 개념을 단편적으로 이해하면 학습의 큰 흐름을 놓치기 쉽고 다른 학습에 전이하기 어렵습니다.

개념 네트워킹은 개념을 찾아내고 그 관계를 선으로 연결하며 개념 간 연결을 자신의 언어로 표현하는 수업 기술입니다. 개념이 서로 어떤 관계를 이루고 있는지 분석하고 표현하며 주제에 대한 깊이 있는 이해로 나아가게 됩니다.

1. 개념 찾아내기

"'기후 위기'와 관련된 중요한 개념은 무엇일까요?" 교과서나 자료를 읽으며 중요하다고 생각되는 개념을 포스트잇에 씁니다. 중요한 낱말을 찾으며 핵심 개념을 선별하는 능력을 기르게 됩니다. 선별한 개념은 8절 종이에 붙이고 주변에 파란 펜으로 정의를 기록하며 의미를 명확히 합니다.

2. 개념 연결하기

서로 관련이 있다고 생각되는 개념들을 선으로 연결합니다. 이어 연결선 위에 '왜 이 개념들이 연결되는지'를 문장으로 설명합니다. 예를 들어 지구온난화와 자연재해를 선으로 연결하고 '지구온난화의 지속으로 자연재해가 발생한다.'와 같이 개념 사이의 관계를 분석하여 씁니다. 여러 개념을 연결하고 관계를 문장으로 쓰며 논리를 스스로 구성합니다.

개념 네트워킹 수업 자료 예시

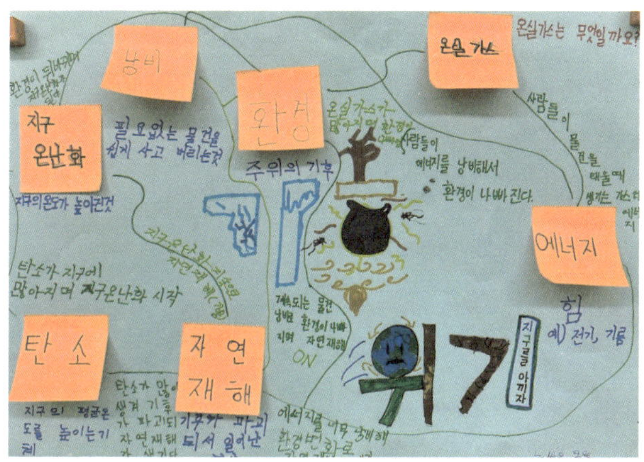

'기후 위기'에 대한 개념 네트워킹 학생 결과물

3. 질문 탐구하기

개념을 연결하는 과정에서 자연스럽게 드는 질문은 빨간 펜으로 개념 근처에 기록합니다. 이후 추가 자료를 탐색하며 질문에 대한 답을 찾습니다. '전기차는 탄소 배출을 얼마나 줄일 수 있을까?'와 같은 추가 질문은 탐구를 확장하고 사고의 깊이를 더합니다.

한 끗 차이

✔ 연결되는 점을 잘 찾지 못한다면 인과관계, 포함관계, 영향을 주고받는 관계, 반대 관계 등 개념 관계의 틀을 제공합니다.

51. 프레이어 모델

개념의 의미를 네 영역으로 나누어 정리해요.

학습을 정리할 때 "무엇을 배웠나요?"라고 질문하면 학생들은 "자료 조사가 재미있었어요.", "보고서 만들기가 기억에 남아요."와 같이 대답하며 활동 중심으로 기억하는 경우가 많습니다. 하지만 학습 마무리 과정에서 중요한 것은 핵심 개념을 스스로 이해했는지 확인하는 것입니다.

프레이어 모델은 개념을 정의, 특징, 예시, 비예시 네 영역으로 구조화하여 정리하는 수업 기술입니다. 개념을 정의에 머무르지 않고 다양한 관점에서 탐구하고 사고하는 과정을 통해 학생들은 개념을 보다 깊이 있게 이해하게 됩니다.

1. 프레이어 모델 영역 확인하기

"프레이어 모델은 하나의 개념을 네 가지 영역으로 나누어 정리하는 도구예요." 각 영역에 어떤 내용을 적어야 하는지 구체적으로 안내하는 것이 중요합니다. 하나의 개념을 예시로 시범을 보이면 이해를 도울 수 있습니다.

정의	특징
개념의 사전적 · 일반적 의미	이 개념만의 고유한 속성과 조건
예시	비예시
개념에 해당하는 대표 사례	비슷해 보이지만 개념에 해당하지 않는 사례

프레이어 모델의 네 가지 영역

2. 프레이어 모델로 개념 정리하기

종이의 가운데에 개념을 쓴 뒤 네 영역을 채웁니다. 왼쪽 상단 칸에는 사전이나 자료를 활용하여 개념의 정의를 적습니다. 오른쪽 상단 칸에는 그 개념을 설명하는 속성과 조건을 정리하여 특징을 기록합니다. 왼쪽 하단 칸에는 개념의 특징을 잘 보여 주는 예시를 그림, 대화, 사진, 경험 등 자유로운 방식으로 표현합니다. 오른쪽 하단 칸에는 개념과 혼동하기 쉬운 비예시들을 제시하여 개념의 경계를 분명히 구분하도록 합니다.

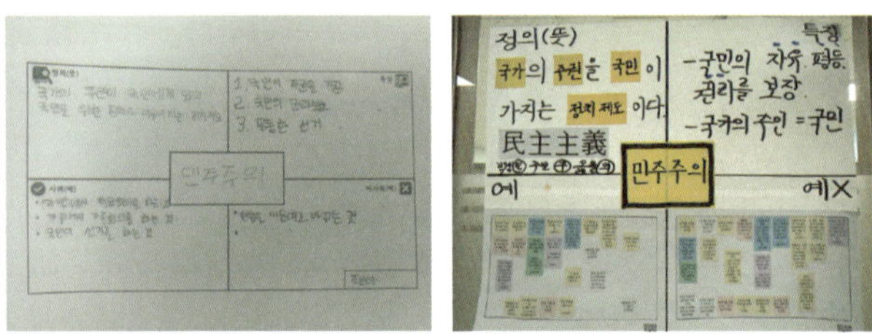

'민주주의'를 프레이어 모델로 분석한 사례

3. 대화를 통해 수정하기

완성된 프레이어 모델을 서로 확인하고 잘못된 부분은 없는지 찾아봅니다. 특히 예시, 비예시에서 오류가 있을 수 있으므로 꼼꼼히 살펴봅니다. 의견이 분분한 사례가 있다면 자료 조사를 통해 예시인지 비예시인지 결정할 수 있습니다.

프레이어 모델 학습지

- ✔ 비예시를 제시한 뒤 "왜 이건 예시에 해당하지 않을까?"를 묻는 방식으로 개념의 경계를 더 분명하게 인식하도록 할 수도 있습니다.
- ✔ 예시와 비예시를 먼저 살펴보며 공통점을 찾고 이를 바탕으로 개념의 특징을 학생 스스로 도출하도록 운영할 수도 있습니다. 이 과정에서는 학생이 개념의 정의를 직접 구성해 이해를 점검합니다.
- ✔ 프레이어 모델과 비슷한 S.E.T.I.는 개념을 말과 그림으로 표현하게 하여 언어 표현이 익숙하지 않은 학생도 자신의 이해를 점검하며 개념을 형성할 수 있도록 돕습니다.

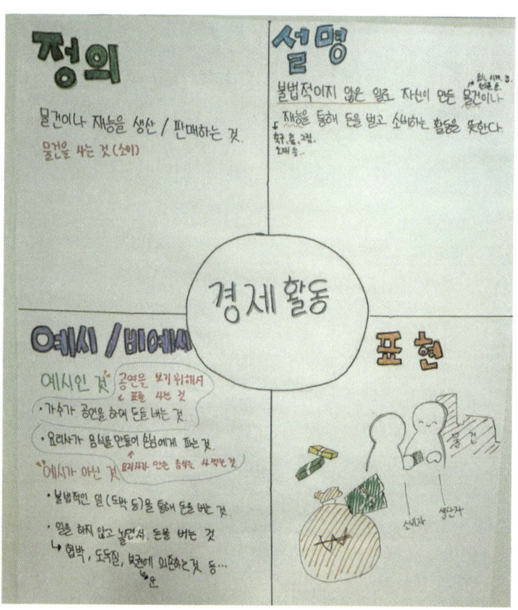

'경제활동'을 S.E.T.I.로 분석한 사례(6학년)

'도구'를 S.E.T.I.로 분석한 사례(3학년)

단계	해석	교사 발문
S	State (정의하기)	"'양심'이 무엇인지 한 문장으로 간단하게 표현하여 보세요."
E	Elaborate (설명하기)	"여러분이 정의한 '양심'이라는 개념에 대해 좀 더 자세히 덧붙여 설명해보세요."
E	Exemplify (예시 들기)	"'양심'을 잘 보여주는 구체적인 예시와 비예시를 찾아서 써 보세요."
I	Illustrate (비유하기)	"'양심'을 비유, 그림, 이야기 등으로 표현해 볼까요?"

S.E.T.I.의 네 가지 영역

VI.
배움을 확인하고 피드백을 나눠요

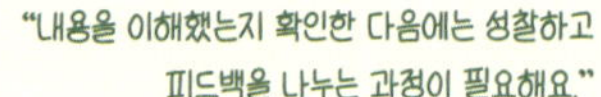

 교실에서 바로 꺼내 쓰는 수업 기술

52. 퀴즈 퀴즈 교환

다양한 문제를 풀며 배움을 확인해요.

　수업을 마친 후 학생들이 목표에 도달했는지 확인하는 과정은 꼭 필요합니다. 이해도 점검을 위해 시험지를 풀거나 관찰평가를 하는 등의 방법이 있지만 이는 학생들이 수동적으로 문제를 해결하는 방법이므로 깊이 있는 이해에 도달했는지는 확인하기 어려울 수 있습니다.

　퀴즈 퀴즈 교환은 배운 내용을 바탕으로 스스로 퀴즈를 만들며 배움을 점검하도록 돕는 수업 기술입니다. 문제를 만드는 과정에서 학생들은 핵심 내용을 다시 정리하고 무엇을 이해했는지 스스로 돌아보게 됩니다.

1. 퀴즈 만들기

　"배운 내용 중 가장 중요하다고 생각하는 내용을 퀴즈로 만들어 봅시다." 예를 들어 수학 시간에는 "똑같은 수가 반복되어 합해질 때 사용하는 계산 방법은?"과 같이 곱셈 개념을 묻거나 실생활과 관련된 문제를 만들 수도 있습니다. 퀴즈를 만들 때 정답을 문제 아래에 작게 적습니다.

2. 퀴즈 내고 맞히기

자신이 만든 퀴즈를 들고 교실을 돌아다니며 친구를 한 명씩 만나 문제를 읽어 줍니다. 들은 친구는 문제를 풀고 답을 말합니다. 문제 해결에 어려움을 느끼는 학생은 문제를 만든 친구의 도움을 받아 해결할 수 있습니다. 문제를 낸 학생은 설명하는 과정에서 자신의 이해를 더 깊게 다질 수 있습니다.

3. 퀴즈를 교환하고 반복하기

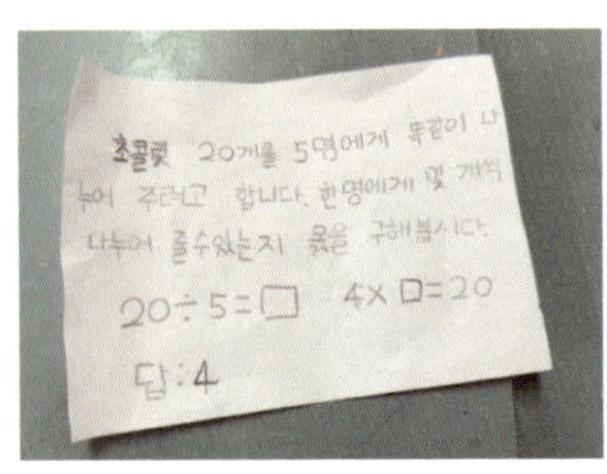
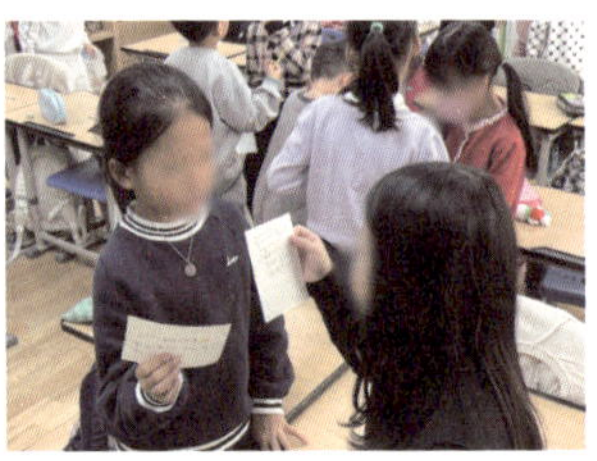

서로의 퀴즈를 교환하는 장면

문제를 푼 뒤 서로의 퀴즈를 교환합니다. 교환한 퀴즈를 들고 다른 친구를 찾아 문제를 읽어 주고 함께 해결합니다.

이 과정을 반복하며 다양한 문제를 설명하고 풀어 보게 됩니다. 그 과정에서 이해가 부족한 부분을 발견하고 자신의 이해도를 점검하게 됩니다.

한 끗 차이

✔ 자유롭게 짝을 정하는 대신 교실을 안쪽과 바깥쪽 원으로 나누어 활동할 수도 있습니다. 퀴즈를 교환할 때마다 안쪽 원의 학생들만 한 칸씩 이동하도록 하여 자연스럽게 새 짝을 만나도록 합니다.

53. 문제 시장

분수의 덧셈을 배운 다음 날 모두에게 같은 학습지를 나누어 주면 이해가 빠른 학생은 금세 모두 풀어내지만 어려움을 느끼는 학생은 중간에 포기하거나 많은 문제를 틀리기도 합니다. 같은 문제를 같은 속도로 해결하는 방식만으로는 학생 간 수준 차이를 반영하기 어렵습니다.

문제 시장은 학습한 내용을 바탕으로 문제를 만들고 친구들이 만든 문제 중 자신의 수준에 맞는 것을 선택해 도전하며 해결하는 수업 기술입니다. 시장에서 물건을 고르듯 문제를 선택하는 과정 덕분에 학생들의 참여도가 높아지고 수업 분위기도 한층 활기차집니다.

1. 문제 만들기

"배운 내용을 떠올리며 친구들의 이해를 확인할 수 있는 문제를 만들어 봅시다." 학생들은 학습 내용을 떠올리며 포스트잇 앞면에 문제를 크게 씁니다. 단순한 연산 문제부터 상황이 드러나는 문장제 문제까지 자유롭게 구성할 수 있습니다. 문제를 만든 뒤 스스로 풀고 정답을 뒷면에 적습니다. 포스트잇 한쪽에 출제자 이름을 써서 문제를 푸는 친구가 궁금한 점을 질문할 수 있도록 합니다. 문제가 완성되면 칠판에 나와 붙입니다.

2. 문제 선택하고 해결하기

'문제 시장'에 나온 문제를 살펴보고 선택하는 장면

"문제 시장이 열렸습니다. 풀고 싶은 문제 세 가지를 골라 해결해 봅시다." 학생들은 칠판에 게시된 문제를 살펴보고 자신에게 적절한 난이도의 문제를 선택합니다. 이때 이해가 부족한 학생이나 흥미가 낮은 학생에게 먼저 선택권을 주면 부담을 줄이고 참여를 돕는 데 효과적입니다.

선택한 문제를 공책에 옮겨 풀고 포스트잇 뒷면을 확인해 정답을 점검합니다. 틀린 문제는 이유를 생각해 보고 해결

이 어려운 경우 문제를 만든 친구에게 질문하며 풀이 과정
을 다시 이해합니다.

54. 한 걸음 더 신호등

학습 상황을 스스로 점검하고 한 걸음 더 나아가요.

학습 과정에서 "모르겠어요.", "못 하겠어요."와 같이 자신의 이해 정도를 막연하게 표현하는 경우가 있습니다. 무엇을 알고 어떤 부분에서 어려움을 느끼는지 스스로 파악하지 못해 구체적인 도움을 요청하기도 어렵습니다. 특히 고학년일수록 이전 학습에서 쌓인 어려움이 누적되어 자신의 학습 상황을 점검하는 데 더 큰 부담을 느끼기도 합니다.

한 걸음 더 신호등은 학생들이 학습 기준을 스스로 확인하며 자신의 학습 과정을 돌아보는 수업 기술입니다. 이를 통해 학생들은 알고 있는 부분과 어려운 부분을 구분하고 자신의 학습 상황을 분명하게 인식할 수 있습니다.

1. 학습 기준 확인하기

"이번 단원에서 무엇을 배웠나요?", "문단을 짜임새 있게 쓰기 위해 필요한 기준은 무엇이었나요?"와 같은 질문을 통해 학습 기준을 다시 떠올립니다. 단원이 시작하기 전 한 걸음 더 신호등에 사용할 기준을 미리 제시하여 지속적으로 확인하는 것이 좋습니다.

2. 자기 평가하기

기준에 따라 신호등 색깔 3단계로 자신의 학습 도달도를 점검하고 현재 상태를 색깔 스티커나 색연필로 자신만의 기호로 표시하여 시각화합니다.

● 도전 필요	● 시도 중	● 능숙함
아직 어려워서 도움을 받아 다시 도전해야 합니다.	하는 방법을 알고 1~2번은 성공했지만 아직 완벽하지 않습니다.	친구를 도와줄 수 있을 만큼 능숙하게 할 수 있습니다.

한 걸음 더 신호등 학습 도달 기준 예시

3. 다음 목표 설정하기

'도전 필요' 또는 '시도 중' 항목에서 자신에게 필요한 부분을 선택하고 해당 능력을 높이기 위한 구체적 행동 목표를 작성합니다. '중심 문장에 어울리는 뒷받침 문장을 쓴다.'가 어려운 경우 '중심 문장의 신뢰도를 높여 주는 뒷받침 문장 예시 두 가지를 찾아 정리한다.'와 같이 실행 가능한 목표를 설정합니다.

한 걸음 더 신호등으로 자기평가 후 목표를 학생 스스로 설정한 결과물

한 끗 차이

✔ 새로운 단원이나 학습을 시작할 때 사전 점검 활동으로 활용하면, 이전 학습과 연계할 수 있습니다.

55. 배움 삼총사

세 가지의 문장 부호로 배움을 확인해요.

    학습이 끝난 뒤 이번 학습을 통해 무엇을 배웠는지 물어 보면 배운 내용을 자신의 말로 정리하는 데 어려움을 보이 는 경우가 있습니다. 학습 내용을 정리할 기준이 없으면 생 각을 글로 표현하기가 어렵습니다.

    배움 삼총사[12]는 알게 된 내용과 느낌, 궁금증을 글로 나 누어 돌아보도록 돕는 수업 기술입니다. 세 가지 문장 부호 를 기준으로 삼아 배운 내용을 분명하게 표현하고 성찰할 수 있습니다.

---

12) '메타인지 활성화를 위한 배움 삼총사 안내 영상
　　https://www.youtube.com/watch?v=9RGjw2Zo-io'을 참고하세요.

1. 선택하기

배움 삼총사 칠판 아이콘 예시

배움 삼총사로 활용되는 문장 부호는 물음표(?), 느낌표(!), 마침표(.)입니다. 물음표는 아직 남은 궁금증이나 더 찾아보고 싶은 내용을 뜻합니다. 느낌표는 학습하며 느낀 점을 의미합니다. 마침표는 알게 된 것이나 알고 있었지만 더 깊이 깨달은 것을 의미합니다. 세 가지 중 2~3개를 스스로 고릅니다.

2. 배움 삼총사로 성찰하기

선택한 문장 부호에 맞춰 너무 짧지 않으면서 생각이 드러나는 문장을 작성하도록 합니다. 이때 학습 목표와 연결하여 생각을 정리할 수 있도록 안내합니다. 학습 결과와 과정 중 자신에게 의미 있었던 부분을 돌아보며 성찰할 수 있도록 합니다.

배움 삼총사를 활용하여 작성한 학습 성찰 기록 예시

3. 공유 및 피드백하기

작성한 글을 발표하고 피드백을 나누며 내용을 다시 고치는 과정을 거칩니다. 처음에는 "자석이 신기했다.", "자석에 대해 궁금해졌다."처럼 짧게 정리하던 학생들도 친구의 발표를 들으며 표현을 보완하고 "자석이 철을 끌어당기는 모습을 실험으로 확인해서 신기했다.", "왜 모든 금속이 자석에 붙지 않는지 궁금해졌다."와 같이 생각을 더 구체화하게 됩니다. 이러한 과정을 통해 학생들은 자신의 배움을 성찰하고 정리하여 글로 표현하는 능력이 점차 향상됩니다.

한 끗 차이

☑ 문장 시작 틀을 제시하면 생각을 더 쉽게 꺼낼 수 있습니다.
(예) 나는 아직 ○○이 궁금하다! / ○○할 때 가장 인상 깊었다. / 이번 수업을 통해 ○○을 알게 되었다.)

56. 예전 생각, 지금 생각

같은 주제라도 처음 가졌던 생각과 수업을 거친 뒤의 생각은 달라지기 마련입니다. 그러나 그 차이를 의식적으로 돌아보지 않으면 무엇이 바뀌었는지 알기 어렵습니다. 생각이 어떻게 달라졌는지를 짚어 보는 과정이 있어야 배운 내용이 분명해지고 다음 학습으로도 이어질 수 있습니다.

예전 생각, 지금 생각은 수업을 시작했을 때의 생각과 배운 뒤의 생각을 나란히 놓고 살펴보는 수업 기술입니다. 처음에는 어떻게 생각했는지, 지금은 무엇이 달라졌는지를 돌아보며 배운 내용과 자신의 변화를 분명하게 정리할 수 있습니다.

1. 배운 내용 살펴보기

학습 기록이나 활동 결과를 보며 이번 수업에서 다룬 내용을 다시 살펴봅니다. 무엇을 배웠는지, 어떤 활동을 했는지를 떠올리며 전체적인 학습의 흐름을 정리합니다. 이후 예전 생각과 지금 생각을 비교할 수 있도록 핵심 내용을 확인합니다.

2. 예전 생각, 지금 생각 정리하기

앞에서 살펴본 학습 내용을 바탕으로 예전 생각과 지금 생각을 나누어 적어 봅니다. 수업을 시작하기 전에는 어떻게 생각했는지, 배우고 난 뒤에는 무엇이 달라졌는지를 비교하며 정리합니다. 이 과정을 통해 자신이 새롭게 알게 된 점과 생각이 바뀐 이유를 분명하게 정리할 수 있습니다. 이는 이후 학습 방향을 설정하는 데도 도움이 됩니다.

예전 생각, 지금 생각으로 작성한 성찰 예시

3. 생각의 변화 공유하기

정리한 예전 생각과 지금 생각을 짝과 나누어 이야기합니다. 서로의 이야기를 들으며 어떤 점이 달라졌는지 비교해 봅니다. 예를 들어 "예전에는 발표할 때 나만 잘하면 된다고 생각했는데, 지금은 예술제를 준비하다 보니 함께 발표할 때 서로 이야기하고 맞추는 게 중요하다는 걸 알게 되었어요."라는 이야기를 주고받으며 소통과 협력의 중요성도 함께 떠올리게 됩니다. 이렇게 서로의 생각 변화를 나누는 과정에서 자신의 생각을 한 번 더 돌아보게 됩니다.

예전 생각, 지금 생각 학습지

한 끗 차이

✔ 예전에는, 지금은, 앞으로 세 가지 틀을 제시하면 학습 목표를 스스로 설정하는 데 도움이 됩니다.

한 문장으로 정리하며 이해 정도를 확인해요.

"배운 내용 중 가장 기억에 남는 것은 무엇인가요?", "친구들이 발표를 잘했어요.", "재미있는 놀이요." 교사는 학생들이 배운 내용을 어느 정도 이해했는지 알고 싶지만 막연한 질문에는 막연한 대답이 돌아옵니다.

나만의 한 문장은 배운 내용을 한 문장으로 요약하면서 사고를 구조화하고 핵심 개념을 정리하며 학습을 내재화하는 수업 기술입니다.

1. 배운 내용 살펴보기

학습을 마친 뒤 이번 단원에서의 결과물이나 학습 기록을 살펴보며 무엇을 배웠는지 다시 떠올립니다. 여러 내용 중에서 특히 중요하다고 생각되는 개념이나 의미 있는 점을 골라 정리하며 한 문장으로 표현할 준비를 합니다.

2. 한 문장으로 정리하기

"배운 내용 중 가장 중요한 것은 무엇일까요? 핵심 내용을 넣어 한 문장으로 정리해 봅시다." 학습 과정에서 배운 개념이나 느낀 점을 하나의 문장으로 정리합니다.

"꼭 한 문장으로만 정리해야 하나요?"라고 학생들이 질문할 수 있습니다. 한 문장으로 정리하는 이유는 배운 내용을 간결하게 정리하고 핵심을 파악하며 학습의 목표에 도달했는지 한 번 더 확인하기 위해서입니다. 짧지만 의미 있는 한 문장을 만드는 과정은 학습의 핵심을 명확히 하는 데 중요한 역할을 합니다.

3. 문장 발전시키기

"작성한 문장을 모둠 친구들과 공유하고 비교해 봅시다. 공통적으로 나오는 낱말이 있나요?", "'위인', '지혜'와 같은 낱말들이 여러 번 나왔습니다.", "공통적으로 나오는 낱말을 모아 이번에는 모둠에서 한 문장을 만들어 봅시다."

모둠별로 완성된 문장을 발표하고 어떤 부분이 좋은지 이야기하며 문장을 발전시켜 봅니다. 다양한 생각을 듣고 문장을 만드는 과정에서 배운 내용을 더 깊이 이해할 수 있습니다.

인물 단원을 마치고 나만의 한 문장으로 정리하기

한 끗 차이

☑ 한 문장으로 정리하기 어려워하면 여러 문장으로 써 본 뒤 제일 중요하다고 생각하는 한 문장 남겨보는 것도 도움이 됩니다.

58. GRASPS

역할과 상황 속에서 배운 것을 적용해요.

수업을 마친 뒤 시험이나 간단한 과제로 배운 내용을 확인하고 마무리하는 경우가 많습니다. 하지만 이러한 방식으로는 학생이 무엇을 이해했고 어떻게 적용하는지 충분히 확인하기 어렵습니다.

GRASPS는 배운 것을 자연스러운 상황에서 평가할 수 있도록 돕는 도구입니다.

1. GRASPS 평가 과제 작성하기

2학년 학생들과 마을에 대해 학습하기 전 GRASPS로 평가 과제를 작성합니다. 학습을 마친 후 학생들이 무엇을 알게 되었고 무엇을 할 수 있게 되었는지 정리합니다. 이때 GRASPS의 여섯 가지 요소를 기준으로 평가의 구조를 설계합니다.

목표(Goal)	핵심 학습 내용, 도달해야 할 수준
역할(Role)	학생이 맡을 입장이나 역할
청중(Audience)	결과물을 보게 될 대상, 표현 방식과 수준
상황(Situation)	과제 수행의 이유, 학습과 연결된 맥락
결과물(Product)	배운 내용을 드러낼 산출물의 형태
평가 기준(Standard)	중요하게 살펴볼 요소, 평가의 기준점

GRASPS의 여섯 가지 요소

2. GRASPS 평가 과제 확인 및 활동하기

평가 과제를 함께 확인하고 활동을 시작합니다.

목표(Goal)	마을의 모습, 사람들이 하는 일, 마을을 위한 나의 역할 알기
역할(Role)	그림책 제작자
청중 (Audience)	친구들, 학부모 등
상황 (Situation)	사람들에게 우리가 사는 마을을 소개하기 위해 그림책을 만들고 목소리를 담아 이야기를 들려주려 합니다.
결과물 (Product)	1. 학생들이 만든 『우리 마을 그림책』 2. 그림책 내용을 생동감 있게 표현한 영상 파일
평가 기준 (Standard)	1. 마을의 모습과 사람들이 하는 일을 구체적으로 설명했는가? 2. 사람들이 하는 일이 우리에게 주는 도움을 잘 표현했는가? 3. 행복한 마을을 위해 내가 할 수 있는 일을 나타냈는가? 4. 친구들과 협력하며 자신의 역할을 책임감 있게 수행했는가?

GRASPS 평가 과제 예시(2학년 마을)

3. 결과물 공유 및 되돌아보기

『우리 마을 그림책』

그림책 영상 공유

결과물과 평가 기준을 살펴보며 무엇을 잘 표현했는지, 다음에는 어떤 점을 보완하면 좋을지 함께 이야기합니다.

한 끗 차이

- ✔ 결과물을 보관할 때 자신과 친구, 학부모 등의 소감을 함께 덧붙이면 평가가 기록으로 남아 다음 학습과 자연스럽게 연결됩니다.
- ✔ 구체적인 역할과 상황을 강조하면 학생들이 과제 활동에 더 몰입할 수 있습니다.

59. 별 두 개와 하트 한 개

학습을 되돌아보며 잘한 점과 도전할 점을 찾아요.

　학습 후 자기 평가나 동료 평가에서 "잘했어." 같은 내용 없는 칭찬이나 "목소리가 작았어." 같은 겉도는 피드백으로 성장을 돕지 못하고 마음만 상하는 경우가 있습니다.

　별 두 개와 하트 한 개는 별처럼 반짝이는 점 두 가지를 떠올리고 마음을 더 쏟아 발전하고 싶은 점 한 가지를 생각하도록 하여 학습을 돌아보게 하는 수업 기술입니다. 칭찬과 바람을 균형 있게 정리하여 이번 활동을 되돌아보고 다음 활동에서 실천할 목표를 스스로 세울 수 있도록 돕습니다.

1. 별 2개 떠올리기

　학습 과정과 결과를 되돌아보며 잘한 점이나 칭찬할 점을 떠올려 봅니다. 대상은 내가 될 수 있고 친구가 될 수도 있습니다. 떠올린 내용을 별 모양 메모지에 작성합니다. 잘한 점을 적을 때에는 수업 목표를 참고하여 구체적으로 적습니다.

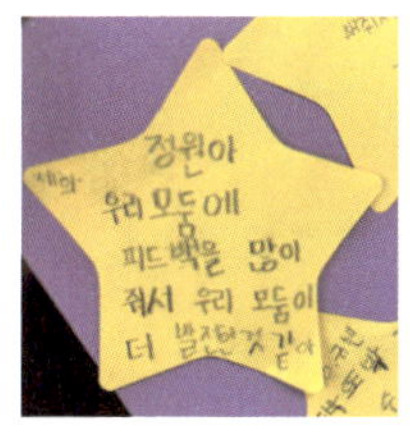
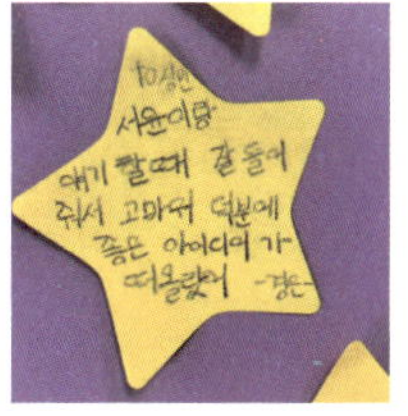

학습 과정에서 드러난 친구의 반짝이는 모습을 포착한 긍정적 피드백 예시

2. 하트 1개 떠올리기

하트 모양 메모지에는 더 잘하고 싶은 점이나 성장을 위해 필요한 조언을 적습니다. "일회용품이랑 연결된 내용이 많으면 좋을 것 같아."처럼 잘못을 지적하기보다는 앞으로 더 좋아질 수 있는 방향을 중심으로 작성합니다.

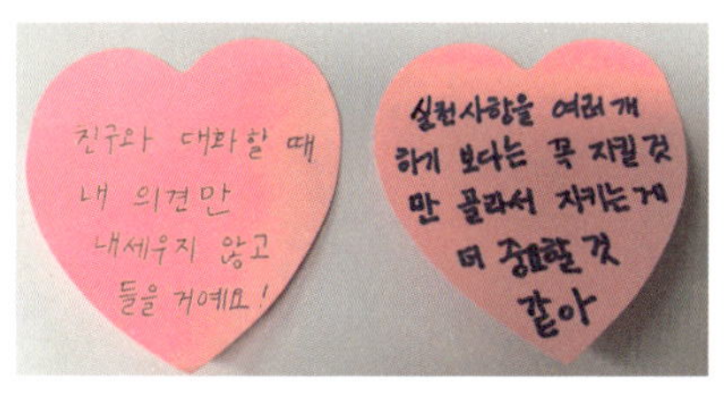
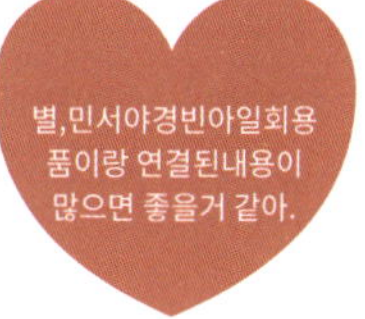

친구가 더 마음을 기울이면 좋을 부분에 대해 제안하는 건설적인 피드백 예시

3. 별과 하트로 다음 목표 세우기

"별 2개와 하트 1개를 바탕으로 어떤 목표를 새로 정하면 좋을까요?" 자신의 별 2개와 하트 1개를 다시 읽어보며 다음

에 실천할 목표를 정합니다. "앞으로도 친구의 말을 끝까지 듣겠습니다." 정한 목표는 교실 게시판이나 개인 공책에 붙여 두고 다음 활동이 끝난 뒤 다시 실천 여부를 확인합니다.

60. 피드백 사다리

　동료 평가는 친구의 생각과 결과물을 살펴보며 서로 배우는 데 도움이 됩니다. 그러나 기준이 분명하지 않으면 단순한 느낌에 따라 평가가 이루어져 피드백이 형식적으로 흐르기 쉽습니다.

　피드백 사다리는 동료 평가에 필요한 순서와 말의 틀을 제시하여 누구나 같은 기준으로 의견을 나누도록 돕는 수업 기술입니다. 이를 통해 동료 평가는 단순한 의견 나누기를 넘어 서로의 학습을 돕는 과정으로 이어질 수 있습니다.

1. 피드백 사다리 안내하기

피드백 사다리의 단계

피드백 사다리에서 사용할 평가 기준을 안내합니다. 사다리는 아래에서 위로 올라가듯 순서대로 사용하며 각 단계별로 말하기의 역할이 정해져 있음을 설명합니다. 이 순서를 따라가며 친구의 결과물을 차분하게 살펴보고 의견을 나눕니다.

2. 피드백 순서에 따라 동료 평가하기

명확히 하기 단계에서는 글의 내용을 정확히 이해했는지 확인합니다. "공정무역 인증 표시를 보고 물건을 사자는 뜻으로 쓴 것이 맞나요?"와 같이 질문하며 글쓴이의 의도를 짚어 봅니다.

좋은 점 말하기 단계에서는 글에서 잘 드러난 부분을 구체적으로 칭찬합니다. "공정무역이 왜 필요한지 예를 들어 설명한 점이 이해하기 쉬웠어요."처럼 근거를 들어 이야기하도록 안내합니다.

우려되는 점 말하기 단계에서는 아쉬운 부분이나 더 생각해 볼 점을 조심스럽게 전합니다. "공정무역 물건을 사기 어려운 상황에 대한 설명이 조금 더 있으면 좋을 것 같아요."와 같이 걱정되는 지점을 중심으로 말합니다.

마지막으로 제안하기 단계에서는 글이 더 좋아질 수 있는 방향을 제시합니다. "공정무역 물건을 고를 때 확인할 방법을 한 가지 더 써 보면 어떨까요?"처럼 구체적인 개선 방향으로 마무리합니다.

한 끗 차이

✔ 처음에는 명확히 하기, 좋은 점 말하기 두 단계만 사용하고 익숙해진 뒤 단계적으로 확장하면 피드백에 대한 부담을 줄이면서도 질을 높일 수 있습니다.

▶ **수업 스케치**

수업 기술	피드백 사다리		
대상	초등학교 6학년	**교과**	사회
성취기준	[6사07–02] 여러 시각 및 공간 자료를 활용하여 세계 주요 대륙과 대양의 위치 및 범위, 대륙별 주요 나라의 위치와 영토의 특징을 탐색한다.		
수업 목표	세계의 대륙과 대양, 여러 나라의 정보를 정리하여 발표하고 동료 평가하기		
적용 의도	동료 평가를 통해 학습 과정의 강점과 보완점을 파악하고 상호 피드백을 바탕으로 학습을 조정하기 위해서		

이 수업은 학습을 정리하는 단계로 모둠별로 자료를 제작한 뒤 이를 활용하여 발표를 진행했습니다. 발표가 끝난 후에는 **피드백 사다리**를 적용하여 모둠 간 동료 평가를 실시했습니다. 피드백 사다리는 일대일, 일대다, 다대다 등 다양한 형태로 운영할 수 있는데 이번 차시에서는 모둠 간 상호 피드백이 이루어지도록 다대다 방식으로 운영했습니다.

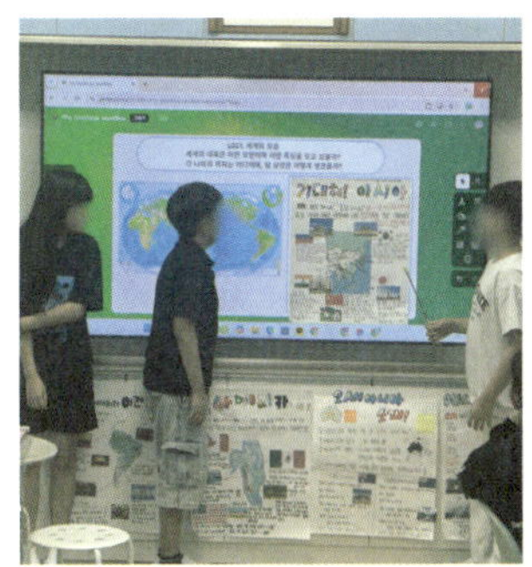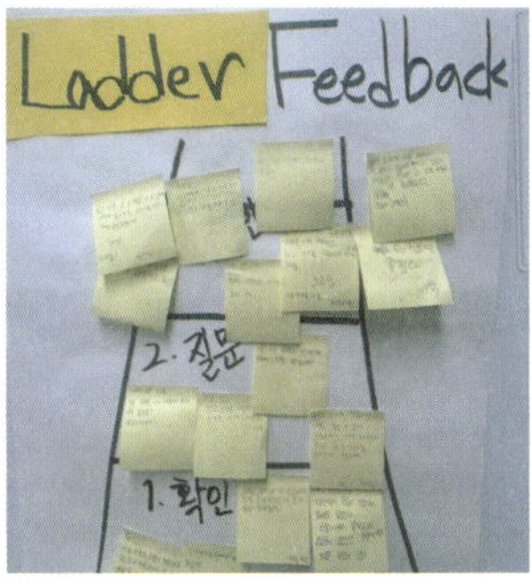

세계 지리와 관련한 발표를 듣고 '피드백 사다리' 평가를 주고받은 장면

먼저 모둠별 발표 자료를 만드는 목적을 분명히 안내합니다.

"세계의 대륙은 어떤 모양이며 어떤 특징을 가졌는지, 각 나라의 위치와 땅의 모양에 대한 설명이 포함되어 있는지, 그리고 그 내용이 정확한지를 중심으로 자료를 만들고 발표합니다."

발표가 끝난 뒤 피드백 사다리 평가 단계를 차례로 안내합니다.

"피드백 사다리에는 네 단계가 있습니다. 사다리를 올라가듯 가장 아래 단계부터 순서대로 진행합니다."

"1단계는 명료화하기 단계입니다. 발표를 듣고 이해한 내용을 확인하는 질문을 해 봅시다.”

“지중해가 아프리카와 유럽이 서로 마주보는 위치가 있다고 하신 것이 맞나요?”

“이탈리아의 생김새가 장화 모양이라고 하신 것이 맞나요?”

질문을 받은 모둠은 답을 하며 자신의 설명이 정확했는지 다시 점검합니다.

“2단계는 좋은 점 말하기 단계입니다. 친구들의 발표 중 칭찬할 점을 이야기해 봅시다. 어떤 부분을 왜 칭찬하는지 구체적으로 말해 주세요.”

“아시아 대륙 팀은 아시아에 속한 주요 국가의 위치를 잘 표현했습니다.”

“3단계는 우려되는 점 말하기 단계입니다. 발표 내용 중 사실과 다르게 이해될 수 있거나 보완이 필요한 점이 있을까요?”

“유럽 모둠과 아시아 모둠 모두 러시아가 각 대륙에 포함시켜 설명해 혼란이 생길 수 있을 것 같습니다.”

이 단계에서는 수정이 필요한 부분이나 문제점을 분명히 하여 다음 단계와 자연스럽게 연결되도록 합니다.

“4단계는 제안하기 단계입니다. 발표 자료를 더 나아지게 할 수 있는 구체적인 방향을 제시해 봅시다.”

"평가 기준에는 대륙과 대양, 국가에 대한 설명이 모두 포함되어야 하는데 국가 설명이 중심이었습니다. 강이나 산맥처럼 대륙 전체의 특징을 추가하면 좋겠습니다."

이처럼 4단계까지의 과정을 거치면서 동료 평가는 단순한 의견 교환을 넘어 발표 내용을 점검하고 보완하는 학습 과정으로 이어집니다. 피드백 사다리는 동료 평가에서 따라야 할 분명한 절차와 말의 틀을 제공해 평가가 실제 배움으로 연결되도록 돕습니다.

61. SWOT 분석

대상의 특징을 네 가지 관점으로 나누어 분석해요.

전통시장에 대해 이야기를 나누는 수업을 할 때 여러 관점이 제시되지 않으면 "싸요.", "불편해요."처럼 한 가지 장점이나 문제점에 초점을 두는 경우가 생깁니다. 이런 반응만으로는 전통시장이 가진 여러 모습과 역할을 함께 살펴보기에는 부족합니다.

SWOT 분석은 하나의 대상을 강점, 약점, 기회, 위협의 네 가지 관점으로 나누어 살펴보는 수업 기술입니다. 내부의 특징(강점, 약점)과 외부 환경(기회, 위기)을 함께 고려하며 대상을 보다 균형 있게 이해하도록 돕습니다.

1. SWOT 분석 구조 살펴보기

SWOT 분석의 강점, 약점, 기회, 위기 네 가지 관점에 맞추어 대상에 대한 생각을 표의 알맞은 칸에 정리합니다.

강점(Strengths)	약점(Weakness)
이미 잘 하고 있는 점 장점, 긍정적인 요소 등	부족하거나 아쉬운 점 개선이 필요하다고 느껴지는 부분
기회(Opportunities)	위기(Threats)
더 좋아질 수 있는 가능성 도움이 될 수 있는 환경이나 상황	앞으로 문제가 될 수 있는 요소 부정적인 영향을 줄 수 있는 상황

SWOT 분석 구조

2. SWOT 분석으로 정리하기

네 가지 관점에 맞추어 생각을 나누어 정리하면서 전통시장을 한쪽으로만 바라보지 않고 여러 모습으로 살펴보게 됩니다.

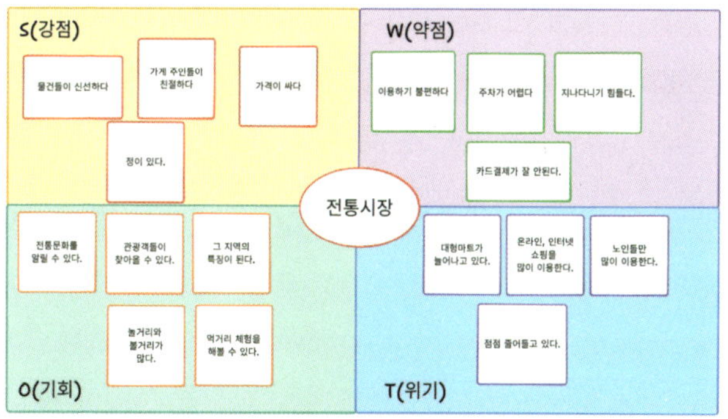

SWOT 분석으로 전통 시장 살펴보기

3. 전략으로 생각 넓히기

SWOT 분석으로 정리한 내용을 바탕으로 각 요소를 서로 연결해 전통시장을 더 좋게 만들 수 있는 방법을 생각해 봅니다.

SO전략	강점을 살려 기회를 활용하는 방법 예) 전통시장만의 분위기를 살려 지역 행사를 연다.
ST전략	강점을 이용해 위기를 줄이는 방법 예) 신선한 먹거리를 강조해 대형 마트와 차별화한다.
WO전략	약점을 보완해 기회를 잡는 방법 예) 카드 결제를 도입하여 전통 시장 축제를 연다.
WT전략	약점을 줄여 위기를 피하는 방법 예) 주말에 공공기관 주차장을 임시로 활용한다.

SWOT 분석을 통한 전략

한 끗 차이

☑ 네 가지 관점으로 살펴보는 것이 어려우면 강점과 약점부터 채운 뒤 위기와 기회에 대해 생각해보면 분석이 쉬워집니다.

VII.
다채롭게 배우고 성장해요

"선생님과 수업 이야기를 나누다 보니 좋은 수업을 위해 참 많은 고민과 노력이 필요하다는 걸 새삼 느껴요."

"그렇죠. 그래도 그런 시간이 쌓여서 결국 수업을 바꾸는 힘이 되잖아요."

"수업을 풍성하게 만들어 줄 수 있는 기술은 정말 끝이 없네요."

"맞아요. 지금까지 나눈 방법들은 시작에 불과해요. 앞으로도 다양한 수업 기술을 하나씩 적용하면서 더 좋은 수업을 고민해야겠죠."

"네, 저도 아이들과 함께하는 수업을 만들기 위해 계속 배우고 시도해 보고 싶어요."

"선생님의 열정이 멋지네요. 그런데 어떤 수업 기술이든 그 자체로 완성되는 건 아니에요. 교사의 수업 철학과 학급 경영이 바탕이 되어야 수업 기술이 비로소 힘을 발휘해요."

"저도 여러 수업 기술을 적용하면서 그 점을 느껴요. 기본이 탄탄해야 작은 시도도 자연스럽게 교실에 적용되더라고요."

"맞아요. 수업 기술 자체가 목적이 아니라 더 좋은 수업을 만들기 위한 것이에요. 앞으로도 수업 이야기를 계속 나누면 좋겠어요."

"좋아요. 수업을 다채롭게 만드는 기술을 더 나눠 볼까요?"

62. 가치 수직선

내 생각의 위치를 정하고 학급의 생각을 한 눈에 살펴봐요.

　학생의 의견이나 생각을 학급 전체에 묻는 경우 주로 발표하는 몇몇 학생이 먼저 말하는 경향이 있습니다. 교사가 "이 문제에 대해 다른 생각을 가진 사람이 있나요? 함께 나누어 볼까요?"라고 질문해도 선뜻 발표에 나서는 학생이 없을 때가 있습니다. 그러다 보니 특정 학생들만 의견을 제시하고 나머지 학생들은 친구의 의견을 그대로 따라가는 경우가 많습니다.

　가치 수직선은 하나의 질문에 대해 모든 학생이 자신의 의견을 표현하여 학급 전체의 생각 분포를 한눈에 확인할 수 있는 수업 기술입니다. 찬반이나 정도의 차이가 있는 가치 판단 질문에 특히 효과적이며 소수의 발표에 의존하지 않고 학급의 다양한 목소리를 들을 수 있다는 점이 가장 큰 장점입니다.

1. 질문과 기준 제시하기

먼저 하나의 가치 질문을 제시합니다. 예를 들어 "입으로 씹어 음식을 발효하는 문화를 받아들일 수 있는가?"와 같이 생각이 다양하게 나올 수 있는 질문이 적합합니다. 수직선의 한쪽에는 '매우 그렇다', 반대쪽에는 '전혀 그렇지 않다'처럼 기준을 분명히 제시합니다. 또는 0점을 기준으로 긍정(우측으로 1, 2, 3점)과 부정(좌측으로 −1,−2,−3점)의견을 측정할 수도 있습니다.

2. 의견 위치 정하기

학생들은 질문을 충분히 생각한 뒤 자신의 의견에 해당하는 위치에 의견을 작성한 이름표나 포스트잇을 붙입니다. 이 과정에서 모든 학생이 반드시 선택해야 한다는 점을 분명히 합니다. 친구의 위치를 따라가기보다 '왜 이 위치를 선택했는지' 스스로 판단하도록 충분한 시간을 제공합니다.

3. 생각 종합하기

모든 학생이 자신의 의견 위치를 정한 뒤 가치 수직선을 함께 살펴봅니다. "어느 쪽에 학생들이 많이 모여 있나요?", "가운데에 선 친구들은 어떤 고민이 있었을까요?"와 같은 질문으로 학급 전체의 의견을 종합합니다. 학생들은 자신의 생각이 학급 안에서 어떤 위치에 있는지 인식하게 됩니다.

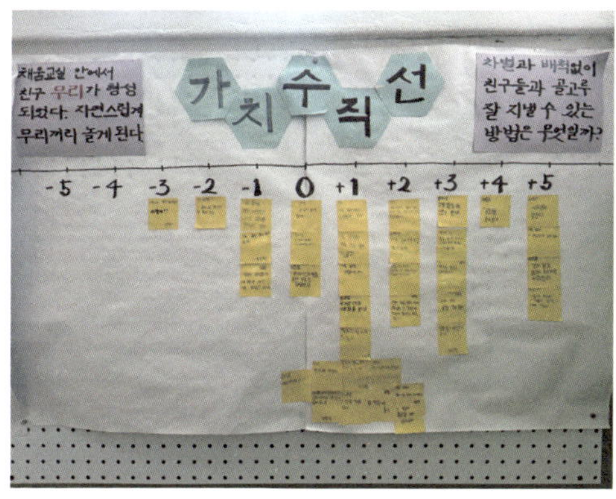

차별과 배척 없이 친구들과 골고루 잘 지낼 수 있는 방법은 무엇일까?

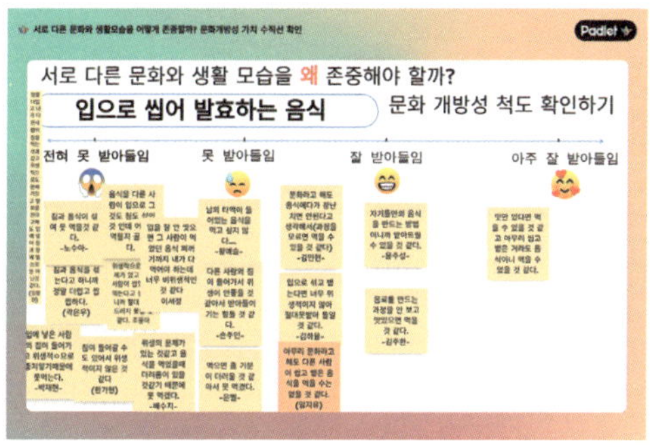

나는 다른 문화를 얼마나 받아들일 수 있을까?

한 끗 차이

- ☑ 위치 선택 → 소그룹 나눔 → 전체 공유 순으로 진행하면 비슷한 생각과 다른 생각을 자연스럽게 비교할 수 있습니다.
- ☑ 활동 전후로 사진을 찍어 두면 생각의 변화 과정을 되돌아보는 자료로 활용할 수 있습니다.

63. ㄴ 필기법

기록하고 정리하는 습관을 길러요.

　수업에서 제시되는 다양한 정보 중 무엇이 중요한지를 파악하지 않으면 학습의 핵심을 놓칠 수 있습니다. 많은 정보 속에서 핵심을 파악하고 이를 자기만의 언어로 정리하는 과정은 학습 내용의 이해를 돕습니다.

　ㄴ **필기법**은 코넬 노트의 구조에서 아이디어를 얻어 필기 공간을 ㄴ 모양으로 재구성한 수업 기술입니다. ㄴ 필기법을 통해 핵심 내용을 정리하고 키워드를 선별하며 기록하고 정리하는 습관을 기를 수 있습니다.

1. 수업 개요 쓰기

　학습을 시작할 때 공책의 맨 위 세 줄에 날짜와 교시, 과목과 단원, 학습 목표를 차례로 정리합니다. 필요한 경우 아래 줄에 수업에서 다루게 될 활동명이나 주제를 추가할 수 있습니다.

2. 핵심 내용 필기하기

학습 중에 ㄴ 모양으로 구분된 오른쪽의 넓은 칸에는 핵심 내용을 필기합니다. 교사의 설명과 판서, 자료나 텍스트의 핵심 내용, 친구들의 발표 중 중요한 내용 등을 중심으로 기록합니다. 학기 초에는 교사가 먼저 시범을 보이며 어떤 정보를 기록해야 하는지, 긴 문장을 어떻게 핵심어로 줄여 쓰는지, 줄 바꿈은 언제 하는지를 구체적으로 보여 줍니다.

3. 키워드 선별 및 목표 성찰하기

학습을 마치기 전 필기 내용을 읽으며 키워드에 동그라미, 네모 등으로 표시합니다. 키워드는 ㄴ 모양의 왼쪽 좁은 칸에 정리합니다. 마지막으로 ㄴ 모양의 아래에는 수업에서 알게 된 점, 느낀 점, 궁금한 점 등 성찰[13] 내용을 적습니다.

13) 250쪽 '배움 삼총사'를 활용할 수 있어요.

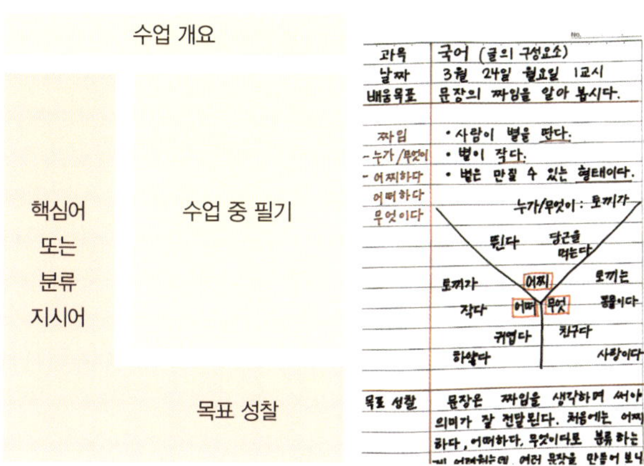

필기 도식과 학생 필기 예시

한 끗 차이

✔ 공책에 자를 사용해 빨간펜으로 선을 그어 구획을 미리 나누어 놓으면 시간을 절약할 수 있습니다.

64. 호기심 상자

무엇이 들어 있을지 상상하며 수업에 빠져들어요.

수업의 시작에서 학생들의 호기심을 자극하는 것은 학습 몰입도를 높이는 중요한 출발점입니다. 교사의 설명과 질문도 학습의 출발점이 될 수 있지만 그것만으로는 매번 학생들의 호기심을 일으키기 어렵습니다.

호기심 상자는 상자 안에 특정 물건을 넣어 두고 학생들이 단서를 바탕으로 추측하는 수업 기술입니다. 상자 속에 무엇이 들어 있는지 유추하는 과정에서 자연스럽게 수업에 대한 관심이 높아집니다.

1. 활용할 수 있는 수업 찾기

호기심 상자는 다양한 교과에서 활용할 수 있습니다. 과학에서는 빛과 소리, 물질의 성질과 같이 감각을 활용한 탐구 활동으로 연결할 수 있습니다. 사회에서는 역사적 인물이나 시대와 관련된 물건을 통해 배경지식을 떠올리게 합니다. 국어에서는 작품 속 중요한 물건을 중심으로 줄거리를 예측하거나 토론으로 확장할 수 있습니다.

2. 감각을 활용해 단서 찾기

"손을 넣어 보고 감촉만으로 무엇인지 맞혀볼까요?" 눈으로 보지 않고 손을 넣어 물건을 만져 보거나 흔들어 소리를 내어 보는 등 다양한 방법으로 상자 속 물건을 추측해 나갑니다. 주어진 정보만으로 결론을 내리기보다는 친구들과 의견을 나누며 논리적으로 추론하는 과정이 중요합니다.

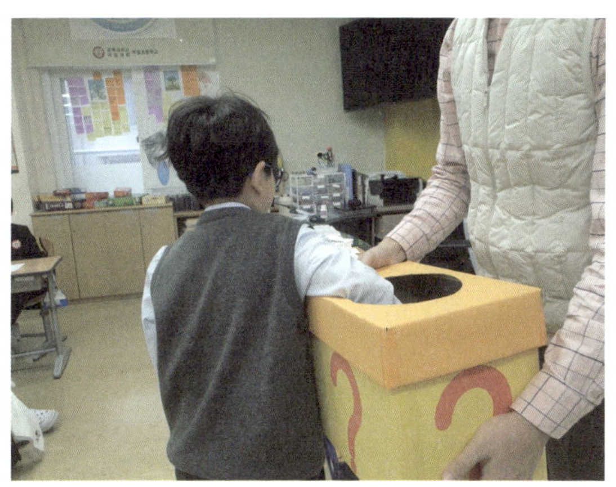

감촉으로 물건 알아 맞히기

<u>**3. 되돌아보기**</u>

상자 속 물건을 공개한 후 추측과 비교합니다. "어떤 단서가 가장 결정적인 힌트였나요?" 사고 과정을 성찰하며 어떤 정보가 중요한 단서가 되었는지 되돌아보는 과정까지 연결하면 더욱 의미 있는 학습 경험이 될 수 있습니다.

한 끗 차이

☑ "이 물건과 관련된 또 다른 물건을 상자에 넣는다면 무엇이 있을까요?"라는 질문을 통해 연결된 개념으로 확장하는 기회를 제공합니다.

65. 프로세서 보드

과제를 수행하는 속도는 학생마다 다릅니다. 특히 단계별로 해결하는 과제의 경우 학생 각각의 과제 수행 정도를 한눈에 확인하기 쉽지 않습니다.

프로세서 보드는 해결해야 할 과제의 진행 상황을 시각화하여 학생들이 스스로 학습 속도를 관리하도록 돕는 기술입니다. 자신의 이름표를 과제 진행 단계에 따라 옮겨 붙이며 완료한 과제와 다음 과제를 인지합니다. 또한 친구들의 진행 상황을 참고할 수 있으므로 과제 수행 속도도 조절에도 도움이 됩니다.

1. 이름표 만들기

칠판에 붙일 학생 개별 이름표를 출력합니다. 너무 작은 크기는 멀리서 한눈에 보이지 않기 때문에 A4용지를 가로로 두고 여섯 등분한 크기에 이름을 출력합니다. 코팅해서 사용할 수도 있고 두꺼운 종이를 덧붙여 사용해도 됩니다. 이름표 뒤에는 자석 테이프를 붙입니다.

2. 과제 제시-과제 수행 과정 나타내기

교사는 학생들에게 수행 과제를 안내하고 수행해야 할 순서대로 칠판에 적습니다. 모든 이름표는 칠판의 가장 왼쪽에 붙여 둡니다. 학생들은 첫 번째 과제부터 완료할 때마다 칠판 앞으로 나와 자신의 이름표를 스스로 옮겨 붙이며 과제를 수행합니다.

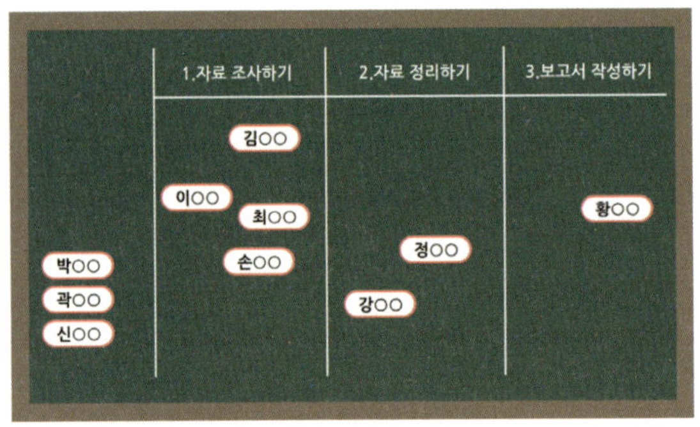

프로세서 보드를 활용하는 칠판 예시

3. 수업 흐름에 맞게 활용하기

교사는 프로세서 보드를 통해 교실 전체의 학습 흐름을

빠르게 파악할 수 있습니다. 도움이 필요한 학생에게는 즉시 지원하고 먼저 과제를 마친 학생에게는 추가 과제나 확장 활동을 안내하며 수업을 유연하게 운영할 수 있습니다. 이를 통해 학생 간 활동 속도 차이가 수업의 방해 요소가 아니라 자연스러운 학습 과정으로 받아들여집니다.

한 끗 차이

☑ 활동이 끝난 뒤 보드를 함께 보며 과제 진행 과정을 돌아보는 시간을 가지면 자신의 학습 습관을 점검할 수 있습니다.

66. 모둠 협력 별송이

협력 활동은 교실에서 매우 중요하지만 저절로 이루어지지 않습니다. 또래와 협력하는 경험이 충분하지 않으면 모둠 과제에서 역할을 회피하거나 일부 학생에게 부담이 집중되는 상황이 생기기도 합니다.

모둠 협력 별송이는 협력의 크고 작은 모습을 즉시 시각적으로 드러내어 긍정적인 행동이 반복되도록 돕는 수업 기술입니다. 개인의 노력과 모둠의 협력을 함께 인정함으로써 협력의 가치를 자연스럽게 경험하도록 합니다.

1. 사전 준비하기

모둠의 의미와 필요성을 함께 살펴봅니다. 모둠을 한 달 동안 서로 돕고 함께 성장하는 작은 공동체로 인식하도록 안내하며 각자의 책임 있는 참여가 협력의 출발점임을 강조합니다. 이 과정에서 모둠 활동이 개인의 성과를 모으는 것이 아니라 함께 만들어 가는 경험임을 분명히 합니다.

2. 별송이 운영 방법 안내하기

개인에게는 1점짜리 일반 별송이, 모둠에는 5점짜리 반짝이 별송이를 줍니다. 별송이로는 시중에서 구입할 수 있는 10mm 폼폼이를 활용합니다. 반짝이 폼폼이는 모둠 별송이로 활용했습니다. 학생이 협력적 태도를 보이면 그 행동을 구체적으로 짚어 주며 별송이를 줍니다. 아래 표와 같이 늘 잘하는 학생뿐 아니라 그동안 어려움을 보이던 학생의 작은 변화까지 함께 격려할 때 모둠 전체의 협력적 태도가 점차 향상됩니다.

격려 대상	내용
꾸준히 최선을 다하는 학생	태도와 행동이 모둠에 긍정적인 영향을 주고 있음을 구체적으로 언급하며 모둠 전체가 "네 덕분에 친구들이 배울 수 있었어"라고 격려
작은 변화가 보이는 학생	주의 산만, 불안 등으로 어려움을 겪는 학생이 작은 변화를 보일 때 개인 별송이와 모둠 별송이를 함께 부여하며 "엄청 노력해서 성장했구나. 너의 변화는 너의 노력뿐만 아니라 모둠 친구들의 배려와 기다림의 도움이 있었어."라고 칭찬

별송이와 함께 주어야 하는 피드백 예시

3. 월말 합계 및 마무리하기

모둠 협력 별송이를 게시한 모습 – 모둠판, 다짐, 주머니

한 달 동안 별송이를 가장 많이 모은 모둠에 소정의 보상을 제공합니다. 간식, 작은 선물, 상장 등 물리적인 보상도 좋지만 감사 쪽지 나누기, 협력 칭찬 릴레이 같은 감정적 보상을 통해 단순한 점수 경쟁이 아닌 성취감을 느낄 수 있도록 합니다.

한 끗 차이

✔ 모둠 점수가 누군가의 노력 덕분임을 함께 언어화하면 무임승차를 줄이고 서로를 바라보는 시선을 바꾸는 데 도움이 됩니다.

✔ 모둠 안에서 자신이 맡은 역할을 잘 수행할 때에도 별송이를 나누어 주면 협력을 위한 책무성을 높일 수 있습니다.

67. 정지 장면

역할극은 소품과 대사, 무대 구성을 갖추어 진행할 경우 효과적인 수업이 될 수 있습니다. 그러나 짧은 시간 안에 작품의 핵심을 다루어야 하는 경우가 종종 있습니다. 이러한 상황에서는 긴 분량의 연기보다 이야기의 중요한 순간에 집중할 수 있는 다른 표현 방식이 필요합니다.

정지 장면은 작품 속 핵심 순간을 멈춘 동작과 표정으로 표현하며 이야기를 압축해 전달하는 수업 기술입니다. 짧은 순간에 집중해 표현하는 과정에서 학생들은 이야기의 흐름과 인물의 감정을 선명하게 이해하게 됩니다.

1. 핵심 장면과 대사 결정하기

"읽은 이야기에서 핵심이 되는 한 장면을 모둠 친구들과 고르고 그 장면을 가장 잘 보여 주는 대사를 정해 봅시다."
모둠별로 어떤 장면을 선택했는지와 그 장면이 이야기에서 왜 중요하다고 생각했는지를 함께 이야기합니다.

2. 역할 나누기 및 연습하기

"장면과 대사를 정한 모둠은 각자 역할을 나누세요. 장면 속 등장인물보다 모둠원이 더 많으면 장면에 필요한 사물(나무, 건물 등)을 역할로 맡아도 됩니다. 반드시 모든 사람이 대사를 할 필요는 없습니다. 장면을 나타내는 핵심 대사만 하면 됩니다." 사진을 찍듯 정지 동작과 표정으로 장면을 표현하는 연습을 합니다.

3. 정지 장면 발표하기

모둠별로 반 친구들 앞에서 준비한 정지 장면을 보여줍니다. 자리에 앉아 있는 학생들이 "하나, 둘, 셋 정지!"를 외치면 발표하는 모둠은 외침에 맞춰 정지 장면을 표현합니다.

이야기를 읽고 정지 장면으로 표현하는 모습

　정지 장면을 감상한 뒤 진행자가 멈춰 있는 학생에게 다가가 어깨에 손을 얹습니다. 신호를 받은 모둠은 핵심 대사를 표현합니다. 발표 후 왜 이 장면과 동작, 대사를 선택했는지에 대해 반 친구들과 이야기 나눕니다.

한 끗 차이

✔ 대사는 이야기 속 인물의 실제 문장을 사용해도 되고 인물의 마음이 더 잘 드러나는 적절한 대사를 만들어 사용해도 좋습니다.

수업 기술	정지 장면		
대상	초등학교 6학년	교과	국어
성취기준	[6국05-04] 일상생활의 경험을 이야기나 극의 형식으로 표현한다.		
수업 목표	인물이 처한 상황과 선택의 이유 이해하기		
적용 의도	인물이 처한 처지에서 대안적 선택을 탐구하기 위해		

이 수업은 6학년 학생들과 극본『샬럿의 거미줄』을 읽고 등장인물이 처한 상황을 바탕으로 인물의 선택을 그 인물의 입장에서 깊이 이해하고자 구성했습니다.『샬럿의 거미줄』은 등장인물이 다양하고 인물 간 관계가 복잡해 글로만 읽을 경우 상황과 감정의 흐름을 놓치기 쉽습니다. 이에 **정지 장면**을 활용해 인물이 처한 순간을 직접 몸으로 표현하며 이야기를 재구성하도록 했습니다.

"내가 만약 이야기 속 등장 인물이라면 어떤 선택을 했을지를 생각하며 제시된 장면을 다시 읽어 봅시다."

제시된 장면을 보고 각 인물들이 처한 상황을 정리하였습니다.

인물	상황
윌버	자신이 잡아 먹힐까봐 불안함
샬럿	윌버를 돕고 싶어 하며 걱정함
호머 주커만	도망친 윌버를 잡아야 함
러비	샬럿의 거미줄에 대해 주커만에게 알리고 싶어함

'샬럿의 거미줄' 속 인물들이 처한 상황

"모둠별로 인물을 선택해 보세요. 그 인물이 어떤 행동을 했을지 상상해 보고 모둠 친구들과 정지 장면으로 표현해 봅시다."

'샬롯의 거미줄'의 한 장면을 '정지 장면'으로 표현한 모습

모둠별로 정지 장면을 발표하고 나머지 학생들은 왜 이렇게 표현했는지를 생각하며 감상했습니다.

"정지 장면을 이렇게 표현한 이유는 무엇인가요?"

"우리 모둠이 윌버라면 무작정 도망치기보다 농장의 다른 동물들에게 도움을 요청했을 것 같아요. 살려 달라고 외치는 마음을 표현하고 싶어 두 손을 든 장면으로 나타냈습니다."

정지 장면 활동을 통해 학생들은 인물이 처한 상황을 단순히 이해하는 데서 나아가 그 상황에서의 선택과 그 이유를 구체적으로 생각할 수 있었습니다.

68. 핫시팅

인물이 되어 질문하고 답하며 작품을 감상해요.

작품을 읽다 보면 등장인물이 처한 상황은 알지만 그 인물의 마음이나 성격까지 깊이 느끼며 감상하기는 쉽지 않습니다. 인물에 대해 설명해 보라고 하면 줄거리를 다시 말하는 데 그치는 경우도 많습니다.

핫시팅은 학생이 작품 속 인물이 되어 질문과 답변을 주고받으며 인물을 감상하는 수업 기술입니다. 핫시팅을 활용하면 인물의 상황과 마음을 직접 말로 표현하면서 작품 속 인물을 더 생생하게 느끼고 감상의 폭을 넓힐 수 있습니다.

1. 작품 속 인물의 상황 살펴보기

『마지막 숨바꼭질』을 읽고 인물의 말과 행동을 중심으로 인물이 처한 상황과 주변 관계를 정리합니다. "아버지의 이야기를 듣기 전 경민이는 아버지에 대해 어떻게 생각했나요?", "어머니는 경민이에게 왜 바람을 쐬러 나가자고 했을까요?”와 같은 질문을 통해 작품의 내용을 살펴봅니다.

2. 인물에 대한 질문 만들기

학생들은 작품 속 인물에게 묻고 싶은 질문을 준비합니다. 질문은 인물이 그 순간 무엇을 보고 있었는지, 어떤 마음으로 행동했는지, 다른 선택은 생각하지 않았는지와 같이 상황 속 생각과 감정이 드러나도록 합니다. “낮잠을 주무시는 아버지를 보며 어떤 생각을 했나요?”, “불을 끄러 출동할 때 어떤 마음이 들었나요?”와 같은 질문을 만듭니다.

3. 인물이 되어 질문하고 답하기

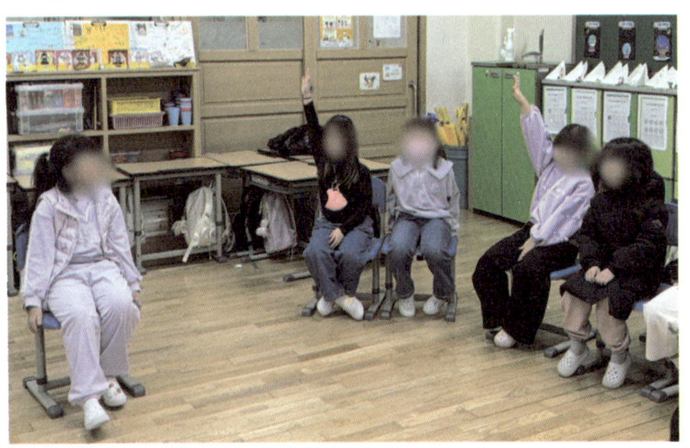

이야기 속 인물이 되어 핫시팅 활동하는 모습

인물별로 핫시터가 될 학생을 뽑습니다. 선정된 학생은 해당 인물이 되어 교실 중앙에 앉습니다. 다른 학생들은 질문자 역할을 맡아 질문을 이어 갑니다. 핫시터는 인물의 성격과 상황을 떠올리며 질문에 답합니다. "낮잠을 주무시는 아버지를 보며 나와의 약속이 중요하지 않으신 것 같아서 화가 났습니다.", "혹시나 불을 끄러 갔다가 돌아오지 못하면 내 아들은 어떻게 하지라는 생각이 듭니다." 필요할 경우 다른 학생이 생각을 보태거나 다른 관점을 덧붙여 인물에 대한 감상을 넓혀 갑니다.

한 끗 차이

☑ 역사의 인물 등 인물 · 역할 · 관점이 존재하는 다양한 교과에서 활용할 수 있습니다.

69. 내러티브 판토마임

이야기를 몸으로 표현해요.

문학 작품을 읽을 때 소리 내어 읽기나 번갈아 읽기 등 다양한 방법을 활용합니다. 이때, 책 읽기나 이야기에 그다지 흥미가 없는 학생들의 경우 이야기 속 장면에 깊이 몰입하기 어렵습니다.

내러티브 판토마임은 교육 연극 기법 중 한 가지로 교사 또는 한 학생이 해설자가 되어 이야기의 전개 과정을 설명하면 나머지 학생들이 즉흥적으로 몸을 움직여 이야기의 내용을 표현하는 수업 기술입니다. 몸을 움직여 이야기를 표현하면 자연스럽게 작품에 대한 몰입도가 높아집니다.

1. 이야기 읽고 내용 파악하기

몸으로 표현할 만한 요소가 있는 적절한 이야기책을 선정하여 읽어줍니다. 이후 교사의 발문을 통해 내용 이해 정도를 확인합니다. "오늘은 『여름이 왔어요』라는 책을 읽어 보겠습니다. (읽기 전) 책의 제목과 그림을 보니 어떤 내용이 펼쳐질 것 같나요?", "(읽는 중) 그림 속 인물들은 무엇을 하고 있나요? 이유가 무엇일까요?", "(읽은 후) 책에 어떤 인물이 나왔나요? 각 인물들은 무엇을 했나요?"

2. 몸으로 표현하기

"선생님이 읽어 주는 장면을 몸으로 표현해 보세요." 학생들이 몸으로 충분히 표현할 수 있도록 문장과 문장 사이에 간격을 두며 천천히 읽어 줍니다.

"형은 개구리헤엄을 치고 나는 땅을 짚고 물장구를 쳐요."
"엄마가 마당에 모깃불을 피웠어요."

활동에 익숙해지면 교사 대신 학생이 장면을 골라 읽어 주는 해설자 역할을 맡아 진행할 수도 있습니다.

내러티브 판토마임 활동 사진

3. 생각과 느낌 나누기

표현 활동 후 생각이나 느낌을 나누며 이해와 감정을 확장합니다. 예를 들어 "몸으로 표현한 것 중 가장 재미있었거나 기억에 남는 것은 무엇인가요?", "어떤 인물이 가장 마음에 드나요? 그 이유는 무엇인가요?" 등과 같은 질문을 할 수 있습니다. 이를 통해 학생들은 책과 조금 더 가까워지고 표현력 또한 기를 수 있습니다.

한 끗 차이

☑ 해설자는 문장을 읽을 때 행동이 드러나는 말에 힘을 주어 읽어 주면 학생들의 움직임이 더 살아납니다. 예를 들어 '헤엄친다', '뛰어간다', '멈춰 선다'와 같은 낱말을 강조해 주면 표현이 자연스러워집니다.

 교실에서 바로 꺼내 쓰는 수업 기술

선생님은 어떤 수업 기술을
사용하고 계시나요?

지금까지 소개한 수업 기술은 정답이 아닙니다. 수업 기술은 교사의 기질과 특성, 학생의 특성과 반응, 적용 교과, 수업 목표, 교실 환경 등에 따라 활용 시점과 방식이 달라질 수 있습니다.

교실에는 이미 선생님께서 자연스럽게 사용하며 쌓아 오신 고유한 수업 기술이 있습니다. 이제 선생님만의 수업 기술을 찾아 정리해 볼까요? 아래 질문을 따라 선생님만의 수업 기술로 70번째 기술을 채워주세요.

Q1. 최근 수업 시간에 자주 마주하는 상황은 무엇인가요?

예) 친구의 발표에 집중하지 않는다.

Q2. 그런 상황에서 나는 어떻게 반응하나요?

예) 교사가 발표 내용을 다시 되풀이하고 넘어간다.

Q3. 내가 기대하는 수업의 모습은 무엇인가요?

예) 친구의 발표를 경청하여 교사가 학생의 발표 내용을 되풀이할 필요가 없는 수업 등

예) 발표자는 모든 학생이 들을 준비가 되었을 때 발표를 시작한다. 듣는 사람은 몸을 완전히 발표자 방향으로 맞추고, 눈을 바라보며 경청한다. 하던 것을 멈추고 몸을 돌려 눈을 맞추고 듣는 경청 자세에 대한 단계적 약속을 만든다.

Q5. 이 수업 기술은 언제, 어떤 방식으로 사용하셨나요?

예) 학기 초에 경청의 단계를 약속하고 연습하는 시간을 가진다. 학기 초 매주 월요일 1교시에 간단한 내용으로 줄줄이 발표를 하며 멈추고 눈 보고 듣는 연습을 한다.

Q6. 이 수업 기술을 통해 학생들에게 어떤 변화가 있었나요?

예) 상대방이 하는 말의 핵심을 잘 이해할 수 있고 원활한 의사소통이 가능해진다.

Q7. 이 수업 기술의 이름을 지어 주세요.

예) 멈추고 눈 보고 들어요.

선생님의 교실에 작지만 분명한 변화가 일어나기를 응원합니다. 선생님만의 수업 기술을 하나씩 정리하고 적용해 보세요. 수업에 대한 자신감을 키우고 교사로서의 정체성을 지켜 가며 함께 성장해 나가기를 기대합니다.

참고문헌 및 출처

[도서]

구정화 (2009). 학교 토론수업의 이해와 실천. 서울: 교육과학사.

김경자, 온정덕, 이경진. (2021). 역량 함양을 위한 교육과정 설계 이해를 위한 수업. 교육아카데미

마쓰무라 야쓰오.(2018). 만다라트 실천법: 인생을 바꾸는 9칸 적기. 서울:시사문화사.

하브루타수업연구회. (2015). 질문이 있는 교실: 초등편 – 미국 명문대 재학생의 30%를 차지한 유대인 공부법 하브루타. 경향비피.

Carla Marschall, Rachel French. (2021). 생각하는 교육과정과 수업을 위한 개념 기반 탐구학습의 실천:전이 가능한 이해의 촉진 전략(신광미,강현석 공역). 학지사.

Friedman, E. M. (2020). 이거 좋은 질문이야!: 사고력을 길러주는 질문법 (정혜승 & 박소희 옮김). 사회평론아카데미.

Kath Murdoch. (2015). *The power of inquiry*. Seastar Education

Ron Ritchhart, Mark Church, & Karin Morrison. (2023). 생각이 보이는 교실 (최재경 옮김). 서울: 사회평론아카데미.

Wang, H., & Murphy, R. (2013). 좋은 교사 되기: 어떻게 유능한 교사

가 될 것인가? (김기오 & 김경 옮김). 글로벌콘텐츠.

Whitaker, T. (2015). *훌륭한 교사는 무엇이 다른가: 그들의 17가지 특성* (송형호 옮김, 증보판). 지식의날개.

[논문]

권경희. (2023). 교육과정안에서 탐색하는 교육연극의 방향성 고찰. *교육연극학*, 15(2), 41 – 56.

김가희, & 류재만. (2021). Thinking Routines를 활용한 미술관 감상 활동이 작품 해석능력에 미치는 영향. *미술교육연구논총*, 67, 61 – 87.

박인희. (2023). 직소(Jigsaw)협동학습에 기반한 수업설계가 학습역량에 미치는 효과. 한국컨설팅학회. 2025, Vol. 28, No. 3, pp. 265 – 280

배성미. (2000). *'협력하여 쓰기' 교수가 초등학교 쓰기장애 학생의 쓰기 표현력에 미치는 영향* (석사학위논문). 이화여자대학교 교육대학원.

신윤경, & 오진영. (2026). 개념 기반 탐구학습을 활용한 국어 수업 설계 연구. *교원교육*, 42(1), 353 – 378.

심현아. (2018). 교육연극 활동을 통한 인물 이해하기 방법 연구. (석사학위논문). 서울교육대학교 교육전문대학원.

윤용찬, & 양용칠. (2003). 마인드맵 기법을 활용한 초등학생의 글쓰기 학습에 관한 사례 연구. *교육학연구*, 41(3), 371 – 398.

이동성, & 김연경. (2025). 초등학교 교사들의 개념기반 탐구학습 지도 경험에 대한 질적 사례연구. *질적탐구*, 11(4), 297 – 326.

이성영. (2010). 초등 읽기 지도의 한 방안: '처럼읽기'를 중심으로. *독서연구*, 23, 229 – 256.

이세미, 박창균. (2024). 가치 수직선 토론에 드러난 초등학생의 인지 갈등 양상. *초등교육연구논총*. (KCI 등재) 2024, 제40권 제1호, pp.87 – 109

이용섭. (2018). Thinking Maps를 활용한 과학수업이 자기주도적 학

     교실에서 바로 꺼내 쓰는 수업 기술

습능력 및 과학탐구능력에 미치는 효과. 대한지구과학교육학회지, 11(3), 172 - 181.

이찬희. (2024). 초등 통합교과 단원 개발 모형으로서 KWL 모형 구안. 교육과정연구, 42(1), 83 - 109.

장현주. (2025). GRASPS 틀을 적용한 미술교육에서 교육과정, 수업, 평가 일체화 연구. 조형교육, 96, 383 - 412.

조유경, 이봉주.(2025) 중학교 1학년 자료와 가능성 영역 교수·학습에서 갤러리 워크 활동의 영향에 대한 사례 탐색. 한국학교수학회논문집 (KCI 등재)

주웅영. (2018). 초등 사회과 교실 역사탐구의 학습도구와 Thinking Maps의 관련성 탐색. 역사교육논집, 67, 31 - 62.

최규홍. (2025). 초등학생 사고도구어 지도 방법 연구. 한국초등국어교육, 80, 233 - 250.

최현정, & 장영숙. (2022). PMI 기법을 활용한 전통놀이가 유아의 또래 유능성과 창의적 인성에 미치는 영향. 경인교육대학교 교육연구원 교육논총, 42(2), 181 - 199.

[사이트 링크]

https://pz.harvard.edu/thinking-routines

https://clockbuddies.skillsconverged.com/

https://lsc.cornell.edu/how-to-study/taking-notes/cornell-note-taking-system/

[기타]

교육부. (2022). *2022 개정 교육과정 총론* (교육부 고시 제2022-33호).